北京市社会科学理论著作出版基金资助

历史街区保护视角下的北京旧城土地再开发与管理研究

张锦东　著

首都师范大学出版社
CAPITAL NORMAL UNIVERSITY PRESS

图书在版编目(CIP)数据

历史街区保护视角下的北京旧城土地再开发与管理研究/张锦东著. 一北京:首都师范大学出版社,2014.1

ISBN 978-7-5656-1754-6

Ⅰ.①历… Ⅱ.①张… Ⅲ.①城市一土地资源一资源开发一管理一研究一北京市 Ⅳ.①F299.271

中国版本图书馆 CIP 数据核字(2014)第 003091 号

LISHI JIEQU BAOHU SHIJIAO XIA DE BEIJING JIUCHENG TUDI ZAI KAIFA YU GUANLI YANJIU

历史街区保护视角下的北京旧城土地再开发与管理研究

张锦东　著

责任编辑　孙少红

首都师范大学出版社出版发行

地　址　北京西三环北路 105 号

邮　编　100048

电　话　68418523(总编室)　68982468(发行部)

北京集惠印刷有限责任公司印刷

网　址　www.cnupn.com.cn

版　次　2014 年 1 月第 1 版

印　次　2014 年 1 月第 1 次印刷

开　本　890mm×1240mm　1/32

印　张　7

字　数　193 千

定　价　15.00 元

目　录

第一章
绪　论

第二章
历史街区及其土地再开发的理论基础

第三章

北京旧城土地再开发的历史述评

第四章

历史街区土地再开发的分析评价与管理优化

第五章
微观聚焦：从南锣鼓巷看北京历史街区土地再开发与管理

第六章
结　论

第一章

绪　论

历史街区作为历史文化名城的重要组成部分，是城市发展演进过程中存留下来的连片的建筑群及其围合的街巷。一方面，历史街区是城市历史遗迹和遗存的重要空间载体，是建筑和街巷依存的区域；另一方面，历史街区是城市历史和文化的“活化石”，它是由世代生活在此的人们用一代又一代人的生命记忆所凝结而成的。无论建筑、街巷还是生活的印记，都重叠在历史街区的土地上。而空间是有限的，土地亦是稀缺的，当一种活动占据了一个地块时，这个地块就被赋予了一定的功能，并且在一定时间之内是不变的。如果要改变土地的利用状况，必定会对附着在其上的活动和功能产生影响，进而土地也启动了再开发的程序。

对于历史街区而言，随着城市化进程的不断推进，其面临着改善生活环境、提升土地利用整体效益的迫切需求，这些需求又与历史风貌保护之间存在相互协调的问题。所以，历史街区的土地再开发问题就成为任何一个有历史积淀的城市可持续发展面临的主要问题，也是多学科关注和研究的热点问题。

第一节　研究背景与意义

20 世纪 80 年代以来，中国的经济社会发展迅猛，城市化进程不断加快，随之而来的就是大规模的城市更新改造运动。在改善城市基础设施、推进城市居住空间扩展、改变城市旧面貌的同时，也在一定程度上引发了旧城区传统街巷是保留还是改造的土地合理利用问题，并成为中国历史文化名城保护中的焦点问题。

作为有着3000多年建城史和850多年建都史的古都，北京是1982年中国公布的第一批国家级历史文化名城，在其城市发展的进程中不可避免地遭遇历史文化名城保护与现代化发展之间的矛盾，从20世纪80年代开始，这对矛盾就集中体现在对历史街区土地再开发与管理上。北京旧城①不仅拥有众多的各级文物保护单位，还拥有很多由文物、普通胡同、四合院等建筑共同构成的历史文化街区。这些历史文化街区涵盖了几乎整个旧城，其中建筑大部分是不属于文保单位的民居和部分单位用房，居民很多属于弱势群体，使历史文化街区的保护利用问题显得更加突出而且迫切。

本书即是基于这样的背景，以北京旧城为典型案例区，梳理和解析历史街区及其土地再开发的历史进程、现状特点和开发模式，总结典型案例的典型经验，以期为北京城市今后的发展提供对策建议，也为中国其他城市提供借鉴。

本书的历史街区是指保存有一定规模和数量且较为完整的历史遗存，具有城市历史上的典型风貌特征，延续了社会结构且承担了一定城市功能的街区。历史街区的主要特征是：具有历史遗存的真实性、历史风貌的典型性和完善性，鲜明的地方特色，有一定规模和数量的建筑物，具备思想、文化、生活方式上的传承性与一定的历史、科学、艺术、文化价值。由于大多数历史城市的历史街区位于旧城范围内，历史街区保护与土地再开发是旧城改造的有机组成部分；而且，由于历史街区自身的独特价值和文化传承方面的重要作用，在旧城改造中必须特别对待，既不能采取“快刀斩乱麻”全部推倒的方式，也不能为了保护历史街区的原真性，拒绝任何形式的改造[1]。

---

① 北京旧城是指北京二环路（明清北京城城墙和护城河所在）以内的地区，面积约62.5平方公里。2010年6月北京市首都功能核心区行政区划调整后，以中轴线为界，分属东城区、西城区的行政管辖范围。

一、历史街区面临的新冲击

中国的历史文化名城均是以旧城区为核心发展形成的。旧城区一直是城市政治、经济、文化、贸易以及居民生活的中心，地理区位优越，但也存在着用地密度高、街道狭窄、居住环境差、基础设施落后等严重问题，以木质结构为主的百年老房年久失修，面临自然衰败的威胁。面对全球化带来的文化趋同、特色丧失、“千城一面”的新情况，面对市场经济带来的经济利益、短期利益导向的新趋势，面对快速推进的城市化进程以及由此带来的人口密集、交通拥堵、环境污染、建设性破坏等新问题，面对日益高涨的历史文化保护运动对现有保护理论与制度、理念与方法的新挑战，旧城更新改造成为历史文化名城不可回避的难题，不仅涉及城市环境与形象、城市个性与效益，还关系到居民生活及居住环境改善，乃至社会和谐稳定。旧城区长期积累的矛盾也在旧城改造中集中爆发，尤其是历史文化遗产丰富的历史街区更加突出。20 世纪 90 年代以来，席卷全国的大规模旧城改造使历史街区受到毁灭性的破坏。面对如此严峻的形势，历史街区如何通过文化设施建设和历史风貌保护，强化文化展示功能，提高城市文化品位；如何通过街区土地再利用，引导产业结构调整升级，提供城市竞争力；如何疏散人口并提高居住水平和质量，优化居住功能[2]，是每一个历史文化名城贯彻科学发展观、以人为本、改善民生、实现城市可持续发展的重大课题。

二、历史街区土地资源及其利用的制约

土地作为城市建设的必要组成部分，已成为影响城市发展的重要因素之一。城市经济社会发展对土地资源的数量和土地利用质量的要求与土地作为不可再生的稀缺资源具有供应有限性之间的矛盾，成为城市经济持续稳定发展的重大约束。在计划经济时期，政府以行政手段配置土地资源，实行土地划拨制度。土地的无偿无期限使用完全否认了土地价值的存在以及市场对土地资源配置的有效

性，造成土地资源的极大浪费和环境恶化。在市场经济转型期，“土地财政”使政府以经济利益为导向，忽视土地重新配置的社会公平，积累社会矛盾甚至导致社会冲突。中国历史文化名城的旧城区普遍存在着土地资源短缺与土地闲置的现象并存、土地粗放式利用与城市内涵式发展相矛盾、不合理的用地结构与产业结构调整不匹配、土地区位价值与土地利用效益不相称等情况。现有被动的、理想化的、静态的历史街区保护面临着市场经济体制和迅猛的城市发展的新挑战。在历史街区开发利用的热潮中，历史建筑、工业遗存的历史内涵和价值没有得到应有重视和深入挖掘，文化价值没有转化为经济价值，社会效应没有转化为商业效应[3]。以上这些问题都严重制约了历史街区土地价值潜力的发挥，最终影响了历史街区保护与土地再开发。因此，基于历史街区保护视角重新审视旧城改造更新中的土地再开发问题，成为城市可持续发展的客观要求。

三、居民对改善生活环境的迫切需求

历史街区里的传统建筑大多年久失修、老化严重、标准过低、住房简陋，处于超负荷运转状态，不能适应现代城市生活的基本需要。以北京为例，旧城平房存量约1400万平方米，私房约占15%，单位自管房和物业约45%，房管局直管公房约40%[4]。大多数历史街区居住环境、道路交通设施差，出进街区不便，市政设施配套建设严重滞后，缺少绿地、公园等开放空间，窝棚房等违法建筑随处可见，卫生、消防安全等问题突出，不少街区成为“脏乱差”的代名词。住在历史街区里的人口密度大，而且以老年人和文化水平较低的居民为主，他们都有着改建的迫切愿望。旧城改造作为缓解住房困难、改善居住质量的重要手段，是建设国际化、现代化城市的必经阶段，旨在恢复城市中心区活力、改善投资环境、提高城市竞争力。但是在中国近30年的旧城改造实践中，普遍存在着忽视居民利益和意愿、侵害居民尤其是弱势群体合法权益等现象，一些业已拆迁的当地居民没有充分享受到街区改造和城市发展带来的居住环境改善和土地增值效益，还有很多居民仍在等待拆迁的期盼中。

四、各方对旧城改造认识的差异性

各级各界对旧城改造存在着认识的差异性。

有的观点认为旧城是城市在过去发展中遗留下来的烂摊子，是城市的“肿瘤”，要想尽快解决旧城问题，就必须采取果断措施“一刀切”，大面积拆除老街区，在原址上建高楼。在这种认识指导下，以房地产开发为主体的旧城改造，严重破坏了城市历史空间格局，导致城市历史景观丧失，给历史街区保护提出了严峻的挑战。

有的观点认为历史文化名城保护，是保护那些被列为各级文保单位的建筑或价值较高的“文物精品”，以及对历史文化名城物质形态方面的保护，诸如古城格局、街巷形制等，这些保护任务和工作已经足够了，而对于未被列入保护名录的传统民居建筑以及一般老百姓的市井生活形态却很少提上保护议程，而实际上，这些历史文化信息构成了城市记忆的主体[5]。在这种认识的指导下，文物保护建筑失去了所依托的历史环境，成为现代建筑海洋中的“孤岛”。

有的观点认为很多历史街区建筑质量低下，不少房屋成了危房；街区环境破败，无规划的扩建、乱建现象普遍存在；外来务工人员的不断涌入增加了人口密度，等等。这些问题的存在不仅已经造成历史街区原有功能的衰退，而且与现代城市发展格格不入，如果不进行改造更新，没有新的城市功能替代，这个街区就没有任何保护的意义[6]。在这种认识的指导下，北京的东方广场、金融街等大体量的现代化商业建筑群在旧城低矮建筑中如鹤立鸡群，旧城历史风貌尽失。

各种不同观点的交汇和冲突反映在实践中，专家和社会各界对历史街区保护的要求和标准越来越高。旧城改造受到文物保护法规的制约，不能再采取大拆大建的方式，建筑层高、密度都有限制；开发商因现行的文物指定制度，以静态消极保护为主，对改造使用限制太多无利可图，而不感兴趣；居民强烈希望改善生活条件，普遍对所在地的历史文化价值不重视、不珍惜；公房使用者受房屋产权制约，缺乏自行改造的积极性，弱势群体没有改造能力；政府既面临着经济发展、民生改善、人口疏散、风貌保护等各方面的压力，又没有足够财力投入，而且拆迁越来越难、拆迁成本越来越高。由于制度制约、价值观不同和利益分歧等原因，旧城改造停滞不前，历史文化遗产消极保护。

在建设世界城市的进程中，北京历史文化街区的保护与利用占据非常重要的地位，历史街区的土地再开发研究既有理论意义，又有现实意义和应用价值，具有很强的必要性和紧迫性。该项探索将对于全国乃至全球历史城市面临的旧城区改造这一世界性难题具有示范性作用。

本书试图以历史街区保护的相关理论为支撑，通过对国内外历史街区保护发展阶段、理论演变和典型案例的剖析，得出国外历史街区保护与再开发可借鉴的经验与启示，指出中国历史街区保护更新中存在的问题。通过回顾剖析北京旧城改造及其历史街区保护与开发的历程和典型案例，尤其是对南锣鼓巷土地再开发的实证分析，提出了历史街区土地再开发的模式和管理优化策略，以便更好地指导实践，促进北京旧城历史文化遗产在利用中保护，在创新中传承，促使城市发展、历史风貌保护和民生改善等多重目标的实现，以促成城市的可持续发展。

第二节　文献综述

本书所研究的历史街区保护与土地再开发就是以保护历史街区为准则，梳理国内外相关研究文献，并以此为基础，作为后续研究的理论和方法支撑。

一、国外历史街区保护与利用的研究进展

1933 年由国际现代建筑学会(CIAM)审议通过的《雅典宪章》标志着现代城市规划的产生，也标志着历史街区保护纳入到城市规划和管理的范畴，引起人们广泛的关注。《雅典宪章》首次提出了“历

史街区(Historic Quarters)”的概念，强调对有历史价值的建筑和街区均应妥善保存，不得破坏。而1987年通过《华盛顿宪章》，即《保护历史城镇与城区宪章》，在历史街区概念的基础上延展为“历史城区(Historic Urban Areas)”，包括城市、镇、历史中心区和居住区，且不论规模和范围大小以及其自然和人造的环境，认为其不仅是该地方发展的历史见证，而且体现了该城镇的传统文化价值，并明确界定了历史街区保护的内容。

分析国外相关文献可知其历史街区研究起步早，研究内容宽泛，涵盖多个领域。根据文献整理，西方国家对历史街区的保护与利用大致经历了保护对象的演变、历史街区的价值评估、历史街区的复兴、社区参与保护与利用等相应阶段。本书对国外历史街区保护的研究文献进行梳理，总结国外历史街区保护与利用的经验，分析未来历史街区保护与利用的发展趋势，为我国历史街区保护研究提供理论和实践指导。

(一)历史街区保护的三次思潮

国外历史街区的保护大致上经历了三次保护思潮。第一次保护思潮形成于20世纪60年代，这一阶段的特点是将注意力主要集中在单体建筑的保护上，着重对古建筑物进行修葺，但转变功能加以利用的案例不多，属于静态性保护阶段。1976年的《内罗毕建议》标志着第二次保护思潮的成熟，保护范围扩大到历史街区、城市景观和建筑环境上，这对历史文物古迹保护来说具有重大的转折意义。英国学者对此评价为“除了视觉的、建筑的和历史的品质外，对地区功能特征以及对有利于建筑物保护的经济功能都作为了保护的重点”[7]。

第三次保护思潮形成于20世纪80年代中后期，这一阶段具有针对性的地方性保护政策的制定成为关注焦点。除了中央政府对历史街区的保护与开发进行立法规范外，各个地方也针对所在区域的情况制定详细的保护区规划方案，明确保护区内建筑的利用方式。例如，英国的历史街区保护规划管理主要是由地方政府的规划管理部门负责；美国各州也都具有对历史街区规划的控制权。伴随着保护思潮的变化，政府对历史街区保护的权力也逐渐出现了下放的趋势，管制范围不再高度集中。但是对历史街区具有重大决定影响的项目或决策，如历史街区的土地产权归属、地段功能区置换等，中央政府对历史街区保护仍然发挥着宏观调控作用，决定着街区的发展方向。因此，不少学者认为，政府在促使历史街区保护内容的转变、立法程序的确定以及街区复兴中的作用是无法替代的[8, 9]。

(二)历史街区的研究方法

1. 研究的阶段性

从研究方法的演变梳理国外历史街区的研究，大体经历了三个阶段：

第一阶段：解释性描述为主的阶段。从20世纪70年代初到80年代初的十年间，历史街区的研究方法经历了以传统描述为主转向注重解释性描述的发展过程，对历史街区现状、存在问题、发展方向进行叙述，并在实证调查的基础上，对历史街区衰败的原因给出解释。

第二阶段：多学科融合阶段。20世纪80年代中后期，历史街区的研究开始由单学科向多学科融合发展，涉及社会学、规划学、经济学、历史学、建筑学，等等。由于文化遗产管理的特殊性，这种多学科融合的方法得益于对文化遗产管理研究的重视[10]。

第三阶段：多样化理论模型构建阶段。20世纪90年代中后期至今，历史街区在研究方法上的一个重要突破就是多样化理论模型的构建，譬如历史街区服务质量评价模型[11]、街区复兴最适应模型[12]、测定年龄对街区价值影响的享乐主义模型[13]等，这种数学建模的研究方法是解决历史街区保护与发展问题的重要定量方法。

在第三阶段另一个重要的方法就是包含地理信息系统(GIS)技术在内的数字城市技术不断运用到历史街区的保护与开发中，实现了对历史街区保护的动态监测及开发过程模拟、智能管理，这种基于计算机软件的模拟方法拥有巨大潜力，可以预见会在将来的历史街区研究中成为最主要的研究方法和工具之一。

2. 历史街区的价值评估

确定了历史街区是遗产保护的重要组成部分后，不少学者开始从不同的视角研究历史街区的价值所在。由于历史街区关系到投资回报率的问题，因此历史街区的价值也一直是房地产商和其他商业投资者关注的重点，价值大的街区，其回报率通常也会较高。所以，在对历史街区进行一系列的投资行为之前，不论是政府还是开发商都要求对其价值进行评估。

(1)价值类型探讨。20 世纪 80 年代到 90 年代中期，西方学者关注历史街区价值类型的分类研究。历史街区的多样和复杂导致其价值也同样具有多样性和复杂性的特点。因此，历史街区的价值分类更倾向于细化，类型更趋于多样化。传统的分类主要包括以下几方面：社会价值、经济价值、文化价值、城市文脉价值、美学价值、历史价值、场所感价值和建筑价值[14]。

地方政府和开发商往往看重的是历史街区的经济价值，而忽视了城市文脉价值、场所感价值等无形价值的重要性，正是由于对这些无形价值的忽视，导致了历史街区价值评估的偏颇，致使一些有潜力的历史街区在开发中遭到破坏，对此至今还没有一个有效的解决途径。

到了 20 世纪 90 年代后期，随着全球经济一体化和城市化进程的不断加快，一些学者开始探讨历史街区的其他价值以及其实现所面临的机遇与挑战，譬如产业价值；还有学者认为历史街区应该根据自己的传统特色，结合特定的产业类型来实现自身价值，应该从产业集群所带来的集聚经济对历史街区价值进行提升、扩展[15, 16]。这时期也出现了一些独特的研究视角，例如 Marafa 结合中国的风水学思想，从风水景观资源所具备的独特优势出发，阐述了自然和文化遗产的特殊价值[17]。这种将其他国家的传统理论应用到本国历史街区价值评价体系的方法，体现了历史街区价值评价理论的广泛性，同时也说明要解决历史街区价值评价问题还应该具备国际视角。

(2)价值评价方法研究。在历史街区的价值体系中，文化价值占其价值体系中的绝大部分[18]，而文化价值难以用定量指标表示，这就造成了历史街区的价值评估缺乏统一的标准。国外不少学者都致力于历史街区价值量化研究，以期达到全面评价街区价值的目的。研究者总结了多个影响历史街区价值的因素，其中包括街区原住民[19]、街区年龄[13]、街区功能、生活环境[20]等。

随后，一些学者从历史街区价值影响因素的探讨研究转向对历史街区价值评估模型的构建上来。如 Pekoglu[21] 提出了一个基于分级的方法来评价街区内的古建筑价值。首先通过分类标准对街区内的建筑进行评价，然后将建筑分为四种类型，再分别概括它们的特征，最后根据类型来制订和实施保护计划。Robert 等人[22] 从遗产的规划环境出发构建了适应不同环境的遗产规划评价方法。这种构建模型的方法引导历史街区价值评价定量化，是历史街区分类的重要标准之一，是历史街区保护研究中的热点。

对历史街区进行价值分类和评价研究，是开发一个历史街区之前必须要做的工作。国外学者重视价值评价体系的构建，但价值评价指标门类繁多，不少学者也只是从一两个方面进行评价，譬如从古建筑、街道、生活环境等方面。构建全面、完整的价值评价体系，仍是研究者们追求的目标。

(三)历史街区的复兴研究

在肯定历史街区价值的基础上，如何振兴和发展历史街区成为研究的重点，从 20 世纪 80 年代开始，历史街区的复兴研究一直就是研究的核心内容。十几年来，在世界范围内，尤其在欧洲国家，历史街区复兴研究更是成为一种潮流[12]。这主要是因为随着国外文化遗产和历史环境保护工作的进一步深入，对历史街区的保护也从单纯的投入式保护，发展到了保护与利用相结合的道路上。通过文献梳理可知，历史街区的复兴方法繁多，但大体可以分为三类：发展居住功能、通过土地置换和功能重组发展工商业以及通过发展现代旅游业来带动历史街区复兴。

1. 以住房为先导的街区复兴

这属于历史街区复兴的早期阶段。它兴起的原因在于政府想改造街区内破损的建筑以及混杂的环境，提出了以住房为先导的复兴计划，试图通过住房的改建、新建和扩建来实现对历史街区的复兴。政府对历史街区住房改造主要有两种方式：一是通过行政管理提升社区的环境，并使其纳入到城市房地产市场中。二是推倒重建，为街区贫民建设新房屋[23]。不少学者认为后一种方式不可取，不仅会浪费政府资源，还会对街区造成致命破坏。Tim Heath 等人指出，要实现街区的物质振兴以便继续承担城市的居住功能，应该采用拆除、整治和功能更替三种方式对建筑进行改造[18]。另有学者认为在复兴街区时必须要对破败的、过时的建筑进行处理，并指出实行住房合作计划的重要性，不应该全部由政府主导住房改造[24]。

值得注意的是，在以住房为先导的街区复兴过程中，往往忽略了一个重要的事实，那就是在对住房的修复或重建过程中，忽视了对历史街区原真性的尊重，采取了不符合原建筑的材料、样式或布局，从而造成了对城市整体文脉的破坏。

2. 以工商业为先导的街区复兴

20 世纪 90 年代后期，历史街区复兴发生转向，即从以住房为先导的街区复兴开始向以工商业为先导的街区复兴转变。这种复兴方式的转变主要是为了实现历史街区的自我“造血”功能，使之能主动承担除了居住功能外的其他一些城市经济活动职能。这种复兴方式仍然是目前的研究热点。但在全球化背景下，工商业复兴有了新的发展：传统的工商业已被排除在城市产业经济之外，城市街区商业的业态也由单一业态开始向多业态组合发展。多业态和多元化极大地促进和提升了老城区的活力，并为历史街区乃至整个城市生活提供了多种便利选择[25]。

有学者从国家的资本特征或大的城市化背景研究历史街区工商业复兴的机制。例如，有学者认为，发达工业国家的资本积累过程在全球城市化背景下发生了变化，生产过程不再局限于传统的制造业领域，而是向文化产业的内容生产过程延展，进而导致了对历史地段价值的重新估价，使之商品化特征更加明显，历史地段的经济再生、重组及功能多元化等成为引导历史街区复兴的主要动力[8]。也有学者以北京市内城重建为研究对象，在城市化建设的大背景下，验证了房地产发展和市场经济是内城建设和城市空间(包括历史街区)调整的主要驱动力[26]。

以工商业为先导的街区复兴研究案例虽然不少，但是还有很多问题尚未解决，仍然是研究重点。譬如各种商业业态的设定标准、准入门槛、工商业经济浪潮中街区原真性的保存等。

3. *以旅游业为先导的街区复兴*

之所以不把以旅游业为先导的街区复兴纳入到以工商业为先导的街区复兴体系中，是由历史街区自身的资源特性所决定的。历史街区本身就是一种旅游资源，具有很大的利用潜力，将历史街区作为旅游资源来利用已经成为一种共识。这种复兴方式兴起于 20 世纪 70 年代，目前仍然是研究者专注的方向。

西方学者对历史街区的旅游复兴研究观点可以分为两个派别：反对派和支持派。前者主要认为历史街区的旅游复兴存在以下三个危害：①历史街区的旅游利用对城市社区产生不良影响，它使先前特色鲜明的异质地区趋于同化，破坏了城市作为个性文化的存在；②历史街区的旅游利用创造了比较高端的购物氛围，使特定阶层人群可以在此旅游，造成了人与人之间的不公平；③旅游开发会使具有历史意义的街区被简单化，甚至完全消失[27]。尽管如此，支持历史街区以现代旅游业作为复兴之路的学者还是占明显优势。一方面，遗产的文化旅游已经成为一个重要的产业，通常能带来巨大利润[28]，另一方面，单纯的而不加以利用的历史街区保护方式也存在不少弊端，如单纯保护会冲淡历史街区开发的必要性及其市场影响力，会阻碍一些居民住宅建设计划的实施。有的学者认为，在旅游业作为历史街区复兴的策略中，不要把历史文化遗产看成一种责任或负担，而是要将其视为一种特殊的财富，对这种财富加以利用就会产生更多的财富。这种主张将历史街区的保护放在了从属地位，没有认清保护与开发的关系，也是值得警惕的。

现有的大量文献及案例研究已经证明，通过发展现代旅游业可以带来历史街区进一步的复兴，达到地方经济与政治的平衡[9]等。例如，美国黑石谷地区就是以旅游为先导的历史街区复兴的典型案例，它是美国相对成熟的遗产廊道保护的示范地区，作为美国工业革命的线性景观遗产地，将沿线的工业、运输等物质文化遗产与多元的民族宗教文化资源进行有机组合，复兴历史建筑和文脉，形成一条丰富的旅游线路，通过发展旅游带动当地经济的复兴，进而向更多的人宣传历史街区和遗产地保护的重要性。

尽管对以旅游为先导的历史街区复兴抱有信心，但是在巨大商业利益冲击下，部分历史街区虽然获得了活力，但同时也失去了作为历史街区而存在的最实质性东西——文化价值。另外，国际合作对历史街区进行研究值得提倡，不同国别的历史街区保护通常会面临相同的问题，如城市发展带来的街区更新压力，资金短缺造成的保护工作停滞等，通过国际的历史街区保护工作的经验总结，可以更好地保护历史街区的原真性。

(四)社区参与历史街区保护

历史街区研究的另一个重要内容就是社区参与历史街区的保护机制研究。总结国外历史街区保护与开发的机制，大致包含三种协同运作机制，即，政府主导的层次运行机制，企业主导的市场化运作机制以及政府、企业、社区三方合作的网络化运行机制。

国外城市管理者和决策者在城市规划中比较重视“人本”精神，学者对街区复兴的社区参与研究贯穿于历史街区保护与开发的整个流程，包括历史街区保护范围的划定、保护制度的制定、历史街区开发的监督以及历史街区的管理等。

从 20 世纪 90 年代后期，国外学者对社区参与街区复兴的重要性研究较多，不少研究认为社区参与到街区保护与开发中来，有助于历史街区与现代城市发展相适应、相协调[29]。同时期还有一个研究重点就是社区参与历史街区保护与开发的方式，一些学者从不同视角对参与方式模式进行了剖析，尝试建立一种适应于不同背景下的社区参与方式选择模型[30]。

21世纪初，学者针对长久以来社区参与中出现的一些负面现象，如公众与政府矛盾的激化、政府扮演不作为的角色、规划师的道德沦丧等问题进行了深入研究，在原因分析的基础上，希望构建一种多元利益协调的街区发展模式。例如，对于社区参与街区管理问题，有的学者认为：成功的规划师应具备一种基本能力，就是能协调好历史街区内新旧利益群体之间的关系，只有充分重视社区内传统商业者的利益，加强合作，才能使规划师的规划思想得到落实[31]。

从目前的研究进展来看，社区参与仍然是历史街区研究中的重要环节，同时它的真正实现也面临重重困难，这主要是由历史街区的经济属性所决定的，多元主体在利益上的冲突难以协调。

二、国内历史街区的相关研究进展

国内对历史街区的研究始于20世纪80年代初期，并不比西方国家晚多久。经过30年的发展，国内历史街区研究已经取得了一定的研究成果，积累了一定的研究经验。以下根据国内历史街区保护与发展的阶段性对相关研究进行逐一梳理。

(一)历史街区研究的初始阶段(20世纪80年代初期—20世纪90年代初期)

这一阶段，国内形成了历史文化名城、文物保护单位二级保护体系，历史街区的概念刚刚提出。国内学者对历史街区的研究很少，仅仅是对国外文献进行翻译，学习国外街区保护经验，所学知识尚未用到具体的实践案例中，街区保护也没有形成系统的研究框架和方法体系。该阶段学者对历史文化名城保护的关注较多，涉及保护历史街区的文献不多。

(二)城市历史街区的发展阶段(20 世纪 90 年代中期—2003 年)

这一阶段，大规模危改①在全国范围内展开。随着国内大规模的城市建设，包括历史街区在内的大批历史文化遗产遭受到破坏，政府和学术界逐渐重视历史街区保护，街区研究开始步入正轨。从整理的文献资料可知，这一阶段的历史街区文献明显比上一阶段要多，并且从以介绍国外经验为主向解决实际问题转变，积极寻找适合国内发展的街区保护道路，研究内容主要集中于保护和规划上，对其开发利用研究较少，主要是历史街区概念的探讨、街区可持续发展的研究、保护理念和模式的总结等。

1. 历史街区概念的研究

国务院在公布第一批国家历史文化名城名录时，特别提出对集中反映历史文化的老城区要严加保护②，这可以算作是历史街区概念在中国最早的萌芽，虽然此时并没有形成统一、完整的概念体系，但已经意识到除了保护文物和古建筑外，保护其他有历史价值区域的重要性[32]。历史街区概念的正式提出是在 1986 年，国家公布了第二批历史文化名城，但此时仍然没有对历史街区予以统一明确的定义[33]。因此，在一段时间内，“历史街区”与“历史城区”③、

① “危旧房改造”的简称。1991 年年初，北京地区在实施住房制度改革的初期，先在部分地区进行了危旧房改造。“危旧房改造”一度也称“房改”，但由于人们已经习惯把“住房制度改革”简称为“房改”，为了区别，“危旧房改造”就称“危改”。

② 《国务院批转国家建委等部门〈关于保护我国历史文化名城的请示〉的通知》，1982 年 2 月 8 日。

③ 历史城区：《历史文化名城保护规划规范》(GB50357—2005)中明确定义，历史城区是指城镇中能体现其历史发展过程或某一发展时期面貌的地区。涵盖通称的古城区和旧城区。而对历史文化名城保护来说，特指历史城区中历史范围清楚、格局和风貌保存较为完整的需要保护控制的地区。

"历史文化保护区/历史文化街区"①、"历史地段"②以及"历史文化名城"③的概念容易互相混淆。于是，一些学者开始尝试给历史街区下定义。例如，丁承朴等从历史街区的价值重要性出发，将历史街区界定为，在城市或村镇的某一地区凡是在社会历史和文化方面占有重要地位的，或者代表该地区的历史发展脉络的，抑或是集中反映该地区经济、社会和文化、审美等价值的建筑群及其周边环境的，都可以认定为历史街区范畴[34]。林翔、杨钊等从历史街区所承载的城市功能和建成环境出发，认为保存一定数量和规模的历史遗存，能显示一定历史阶段的传统风貌、社会、经济、文化、生活方式及地方特色，并且具有较为完整的历史风貌的城市或城镇内的

---

① 历史文化保护区/历史文化街区：根据 1986 年《国务院批转建设部、文化部〈关于请公布第二批国家历史文化名城名单的报告〉的通知》，历史文化保护区是指经国家有关部门、省、市、县人民政府批准并公布的文物古迹比较集中，能较完整地反映某一历史时期的传统风貌和地方、民族特色，具有较高历史文化价值的街区、镇、村、建筑群，等等。它是我国文化遗产的重要组成部分，是保护单体文物、历史文化保护区、历史文化名城这一完整体系中不可缺少的一个层次，也是我国历史文化名城保护工作的重点之一。2002 年通过的《中华人民共和国文物保护法》采用了"历史文化街区"这一法定名词，历史文化保护区与"历史文化街区"的内涵基本相同，以后的保护规划中都采用历史文化街区的概念。

② 历史地段：《华盛顿宪章》给"历史地段"的定义是："城镇中具有历史意义的大小地区，包括城镇的古老中心区或其他保存着历史风貌的地区。"《历史文化名城保护规划规范(GB 50357—2005)》定义的历史地段是指保留遗存较为丰富，能够比较完整、真实地反映一定历史时期传统风貌或民族、地方特色，存有较多文物古迹、近现代史迹和历史建筑，并具有一定规模的地区。

③ 历史文化名城：根据《中华人民共和国文物保护法》，历史文化名城是指"保存文物特别丰富，具有重大历史文化价值和革命意义的城市"。国家历史文化名城由国务院确定并公布，是 1982 年根据北京大学侯仁之、建设部郑孝燮和故宫博物院单士元三位先生提议而建立的一种文物保护机制。被列入名单的均为保存文物特别丰富、具有重大历史价值或者纪念意义，且正在延续使用的城市。国务院于 1982 年、1986 年和 1994 年先后公布了三批国家级历史文化名城 99 座，此后多次增补，至 2012 年共计 119 座。

居民生活所依靠的地方，均称为历史街区[35,36]。还有其他很多关于街区的定义[37,38]。不同的学者对历史街区内涵的描述侧重点不同，是导致街区不同定义的主要原因。

直到近几年，仍然有一批学者在研究历史街区的概念[39,40]，希望能规范历史街区的含义，在学术界形成统一认识。有的学者从文化遗产的角度提炼历史街区的概念，认为历史街区不仅是保存有一定数量和规模的历史遗存的地方，更为重要的是，具有与完整风貌相呼应、相依存的延续的非物质文化遗产，是承载这些非物质文化遗产的生活街区[41]。

实际上，不同学科背景的学者认识历史街区的角度是会有差异的，这些差异必然造成对历史街区概念和定义理解的差异。只要把握历史街区的实质，就没有必要纠结于其概念的表述方式统一与否。尽管如此，在以后的历史街区研究中还是会有不同的概念出现。建议在以后召开的重大历史文化遗产大会上给历史街区下一个明确的定义，以结束学术界对其概念的争论。

2. *历史街区的可持续发展研究*

受国外历史街区保护理念的影响，国内在研究伊始就关注了历史街区的可持续发展，主张在城市的规划与建设中采取可持续发展战略[42,43]。历史街区的可持续发展要遵循四个原则：协调原则、延续性原则、公平性原则、以人为本原则[44]。另有学者建议从历史街区的建筑形态、城市环境、建筑文化三个视角来进行街区的更新，从而实现街区的可持续发展[45]。本阶段关于历史街区可持续发展的研究多局限于理论研究和规划概念设计，应用到实例规划案例中的不多。

2003 年以后出现了不少历史街区可持续发展的案例。有的是以整个地区作为研究对象进行宏观视角的案例分析，如广州[46]、苏州[47]、开封[48]等。更多研究侧重于对具体街区提出可持续发展的建议，如对福州三坊七巷历史街区可持续发展的探讨[49]。

最近几年，历史街区的可持续发展纳入了一些新的研究视角。例如，叶青[50]在重新审视历史街区传统保护开发的态度之后，以低碳视角对福州三坊七巷历史街区提出了保护规划战略，探讨在低碳的前提下如何实现街区发展的节能减排。这种新型的研究视角正是历史街区实现可持续发展的重要途径，将目前国内关注的热点问题纳入到街区的保护开发研究之中，使街区保护更新工作不断与时俱进，保持活力。

总之，对历史街区可持续发展的研究很多，但需要考虑的因素比较杂乱，如果能建立一个街区可持续发展的指标体系的话，将会更加有序地实现历史街区的可持续发展。从目前来看，这方面的工作还比较欠缺。另外，需要对将整个地区作为研究对象的做法进行斟酌，因为这种大地域的视角过于宽泛，操作的可行性较低。实现历史街区的可持续发展是一项艰难的、长期的任务，涉及街区的各个要素，究竟哪些可持续发展建议能保证街区的长久繁荣还有待实践检验。

3. 历史街区保护开发理念和模式总结

(1)保护与开发理念研究。历史街区的保护与开发需要有针对性的理论支持。20 世纪 50 年代初，梁思成提出了整体保护理论，倡导对保护区进行整体的、全面的保护，不得改变。目前仍然有学者运用这种保护理念来指导历史街区的保护。例如蒋楠等人[51]以海安东大街历史街区保护更新规划为例，探讨了历史街区整体保护框架的构成要素。整体保护属于静态保护的一种，没有充分认识到历史街区保护与开发的关系，只重视保护，忽略了开发，这种方法现在是不提倡的。

20 世纪 90 年代初，吴良镛先生提出了“有机更新”理论，并成功应用到北京菊儿胡同的整治中，开创了历史街区保护与开发的新局面。此后，出现了不少基于该理论的案例研究[52]。2000 年，宋晓龙[53, 54]对历史街区小规模渐进式改造与整治进行了深入探讨，提出了“微循环”理论，将传统风貌保护与城市现代化这一矛盾双方融合起来，这种理论受到不少学者的认可，但应用该理念进行实例规划较少，后继也没有多少学者对该理论展开进一步探讨。

历史街区保护与开发的理论模式研究还在继续，近来又不断出现了一些新的理论，如愈合理论[55]、循序渐进理论、嫁接更新理论[56]等。这些新理论虽未广泛应用到实践中，但还是有一些成果。譬如楼舒[57]在杭州历史街区保护与更新中采用“科学规划、分期实施”，“小规模改造”等循序渐进的保护模式。

可以看出，这些街区保护与开发理论是一脉相承的，相互之间既有联系又有区别，如有机更新理论中也涉及微循环和循序渐进的理念。国内历史街区的研究还需要新的理论指导，同时在新理论的应用方面还存在一定不足。

(2)历史街区保护与开发模式。这一阶段在已有历史街区规划案例的基础上，出现了不少历史街区保护开发模式，可以总结为上海的“新天地”模式，桐乡的“乌镇”模式，北京的“南池子”模式，苏州的“桐芳巷”模式和福州的“三坊七巷”模式[58]。其实，这些模式可以简单概括为静态保护模式和动态保护模式两种类型，静态保护模式不能给街区带来活力和复兴，不少学者对其提出了批判。动态保护开发模式强调历史街区的保护性利用，近来受到学者追捧。有学者通过具体案例分析，提出动态保护更适合于历史街区的可持续发展[59，60]。有学者对动态保护的框架、价值取向、政策制定以及资金来源进行了详细论述[61]。

总的来说，国内历史街区的保护开发模式较为单一。同时很少有学者能意识到这些已有模式存在一个陷阱：保护与开发模式趋同性严重。在街区规划中不考虑实际情况就套用模式，忽略了不同背景下街区所具有的特性，造成了改造后的街区“千城一面”，抹杀了一批优秀历史街区的特色。

(三)历史街区研究的全面发展阶段(2004 年至今)

从文献检索中能看出，2004 年前后，关于历史街区文献的数量差异很大：2003 年为 50 篇，2004 年至今，每年不少于 100 篇，不少年份超过 200 篇。至此，历史街区研究迎来了全面发展阶段，各个学科领域的学者开始关注和研究历史街区，学科交叉性在历史街区研究中表现得尤为突出。本阶段研究内容丰富，研究视角多样，在研究方法上也取得一定进展。下面从几个方面来阐述这一阶段历史街区的研究重点。

1. 对历史街区人居环境的研究

现代人们对生活的方便性和舒适性都有了更高的追求，一些历史街区所处的人居环境已难以满足居民的这种需求，不少学者投身到改善历史街区人居环境的研究中。人居环境涵盖的内容较多，主要从建筑设计及景观设计两方面论述。

(1)历史街区的建筑设计与利用研究。这方面的研究不少，多是从设计学和工程学的角度进行论述的。例如，倪文岩[62]从设计层面上以建筑现象学的场所理论为基础，从空间布局、形式表达和技术支持三个层面建立起完整的设计策略体系。夏健和王勇[63]根据重建建筑在历史文化街区中的目标定位，从建筑形式、建筑形态、建构技术等设计要素入手，提出了不同目标定位下的历史文化街区重建建筑的不同设计策略，并结合案例对此展开深入探讨。孙乐[64]则从城市触媒①的新角度研究城市设计方法。

这部分研究具有较强的实践意义，很多新的建筑设计原则、新的设计手法以及新的建筑材料都应用到具体的建筑物。学者们强调在新建筑构建和历史建筑的设计改造中，要注意保持街区原有的建筑基调，但在实际规划建设中还是出现了不少问题。

(2)历史街区的景观设计研究。对此进行研究的学者绝大多数都是专业的设计艺术类学者，研究案例也挺多。如张明珠[65]在对国内外历史街区景观改造实例深入比较的基础上，探讨了如何对国内街区景观进行改造才能使街区获得活力。吕宣[66]以保定市裕华路为例，探讨历史文化街道在城市建设发展过程中的价值和作用，结合景观设计的相关理论和方法，发掘历史文化街道的景观特性，提出裕华路历史文化街道景观设计的原则和方法。

---

① 城市触媒(Urban Catalysts)是指策略性引进的新元素，可以复苏城市中现有的元素且不需彻底地改变它们，而且当触媒激起这样的新生命时，它也影响了相继引进的城市元素的形式、特色和品质，旨在促进城市构造持续而渐进的改革。[64]

针对这部分研究内容要明确两点：一是历史街区的景观设计是协调居民与街区环境的重要途径之一，它能提高历史街区内居民生活的安全性和舒适性。二是历史街区具备的文化特性决定其景观设计与普通景观设计有所区别，要求规划设计人员不但要有过硬的专业技能，也要对历史街区及其特殊性有一定的了解。

在历史街区的人居环境研究方面，还有其他一些点的规划设计研究，如消防系统[67—70]、照明系统[71]、交通系统[72,73]等，可以看出，历史街区的人居环境研究内容涵盖面广，众多学科均有所涉及，在以后研究中仍然是热点。

2. 对历史街区的社会学角度研究

在社会学视角下，历史街区的研究内容和研究对象十分广泛，包括街区的社会价值、社会组织形式、居民文化等，很难全部概括。在街区社会价值方面，如毕凌岚和钟毅[74]从社会学的角度对历史街区之于城镇的意义进行反思和推演，探讨了怎样的城市历史文化保护和建设标准能最大限度地保护文化，同时又能够切实促进文化的真正传承。在历史街区空间组织形式上，李叶军等[75]从人居理论入手，以 Space Syntax(空间句法)探讨长沙太平街历史街区的空间形式与社会组织形式的关系，检视空间句法理论对解读空间的社会形式的准确性。在街区文化保护上，高朦和赵剑锋[76]以苏州平江历史文化街区为例，探讨了市民文化与历史街区保护的联系，最终研究并提出一系列可行的措施以引起人们对市民文化的重视和关注。

学者在对历史街区的社会学研究中往往会就某一方面展开深入论述，这些研究是普通公众了解历史街区的重要途径。值得一提的是，在街区的社会学视角研究中，原住民的利益问题受到了较大关注，不少学者都针对这一方面进行了研究。如，王小丽[77]指出把居民的切实利益纳入历史街区的保护开发中，使之成为街区发展的内在动力，这将会为街区的保护开发注入不竭的力量源泉。柳思勉[78]分析了长沙市历史街区保护利用中原居民的居住问题。

可以说，社会学关注的焦点是街区内的人口生存状态和街区文化，它的最大贡献在于体现历史街区保护开发中的“人本”思想。研究者希望通过对原住民在街区开发过程中利益流失问题的剖析，来引起政府乃至整个社会对他们的关注和帮助。但是，从目前的情况来看，原居民仍然属于历史街区开发中的弱势群体，一直面临“绅士化”带来的危害。

3. 对历史街区的保护开发政策建议研究

保护开发政策建议研究是应用性研究的普遍落脚点，学者们从不同的视角提出了历史街区的保护开发建议。城市管理学者强调管理模式的重要性，提出在历史街区保护与管理中引入“政府—学者—社会—居民”的管理模式。即一方面用法律和技术的手段加大对历史街区居民的原生态保护，另一方面由政府、原住民、社会力量、社区等共同组成历史街区保护平台[79]。经济学研究的焦点是历史街区资源的最优化配置，保护开发建议多基于寻找经济效益与街区保护的平衡点，并结合社会与环境发展，使之可以和谐共生[80]。社会学的建议多基于消除街区居民的社会边缘化以及保护弱势群体的既得利益[81]。规划学则强调历史街区的土地利用分类、规划管理和景观设计，建议也多在物质景观的改造。

总之，这方面内容的文章主要是针对历史街区存在的各种问题进行分析总结，然后为地方政府提供可行性建议。研究者们一般都持有“开发利用”的思维惯性，较少对历史街区进行客观的评价，直接就谈开发改造了，这样提出的建议不免带有盲目性。另外，尽管有学者已经指出保护历史街区的真正目的在于保护其中的人[82]，但在开发改造建议中往往关注的还是历史街区本身，忽略了居民及其利益。

4. 历史街区的旅游开发研究

从政府颁布历史街区保护政策开始，就有学者注意到历史街区的旅游发展潜力，往往将街区保护与旅游开发相结合。时至今日，关于街区旅游发展的研究已经成为历史街区研究的最大特色之一，可以说，几乎所有的街区保护开发规划案例都涉及旅游开发倾向。例如，梅林和高林安[40]在总结和阐述历史街区内涵、历史街区与旅游关系的基础上，对长春市六大历史街区的保护和旅游开发现状进行分析，并针对实际存在的问题提出了历史街区保护与旅游开发建议。张维亚[83]从城市旅游发展的角度，以吸引力—承载力为研究工具，剖析南京内秦淮河历史地段的市场吸引力和遗产继承力，为城市历史地段的遗产旅游开发提供建议和指导。诸如此类的研究太多，不再详列。但在历史街区旅游开发的研究上有种盲目跟从性，在开发过程中也有一些要反思的地方，譬如，开发后的街区空间与城市空间在融合上存在断裂，街区功能变得单一化，不同地区街区建筑形式及景观外貌雷同性严重。

总的来说，这部分的内容主要还是集中在开发建议和案例研究上，并没有建立一个系统的街区旅游发展研究框架。较少有学者对街区旅游资源利用与开发模式以及各方利益分配进行深入研究，尤其是开发过程中对于原居民重要性没有足够的认识。

5. 历史街区的公众参与研究

公众参与是历史街区保护与开发中“人本”思想的集中体现，是街区居民维护自身利益的重要手段，是保护历史街区的有效途径。在国际上，公众参与的研究已经比较成熟，近年来国内的学术界也已承认它的重要性，对其研究也较多，主要体现在两个方面：对居民态度的研究和参与方法的研究。前者多是通过实地调查或问卷的方式来实现。如徐林强[84]以杭州中山路历史街区为案例，构建了居民潜在旅游影响感知与其旅游支持态度的内在关系假设模型，探讨了居民对杭州中山路历史街区旅游规划思路的相关看法。戴湘毅等人[85]以福州“三坊七巷”历史街区为对象，通过对调查所获数据的SPSS分析，量化了居民对历史街区各方面的态度。在参与方法研究上，如李向北等人[86]从扩大公众知情面，提倡私房业主与操作的良好合作关系，参与细节更新的设计过程，推进公众参与的法制化与发挥民间机构的作用四个方面论述了公众参与宽窄巷子改造的途径。郑利军等人[87]探讨了历史街区动态保护中公众参与的作用、方式以及中国的现状和发展方向，提出公众参与可在四个过程中进行。

在城市化快速发展、社会主义市场经济不断完善的背景下，历史街区的保护任务已变得十分艰巨，这时提倡公众参与历史街区保护开发显得尤为重要。尽管研究者反复强调公众参与的必要性，但在实际规划中，政府、房地产开发商以及少数规划专家仍然掌控着主导权，公众已被排除到规划过程以外。要想真正实现历史街区的公众参与，还有很长一段路程要走。

此外，国内历史街区在研究方法上也取得了一定进展，可以从以下两方面来论述：①在街区数据获取的技术方法上，从 20 世纪 80 年代开始的以传统的实地调查为主要手段向当前的 3S 技术提供数据过渡。②在学科方法应用上，由单一的学科研究方法应用发展为多学科方法共用。其中除了社会学、经济学、历史学、规划学等学科方法外，还有一些边缘学科方法的应用。如类型学[88, 89]、民俗学[90]、生态学[91]。

在研究方法上存在两方面不足：一是在研究中定性方法研究占绝对比例，定量方法研究较少，很少有文献涉及构建数学模型，在整理的众多参考文献中只有少数文章涉及模型构建[85, 92]；二是尽管在历史街区研究中出现了 GIS 空间技术的理论探讨与规划案例应用分析[93－95]，但是这样的规划实例很少，并且技术还不成熟。数字城市技术与历史街区保护与开发还未真正融合，缺乏对街区的动态监测和仿真模拟，因此要积极构建历史街区保护与开发信息技术服务平台。

三、国外土地再开发研究进展

城市土地再开发是城市建成环境发生物质更替的过程，往往伴随着功能的转换，如居住用地转化为商务用地，单一功能的用地转化为综合用途的用地，还可能是以高强度发展替代低强度发展[96]。土地再开发主要来源于旧城改造与工业用地置换两类业务，相对于工业用地产权单一的性质，旧城改造因面对的主体广泛、产权状况复杂、重建方案与成本都有很大的不确定性，成为城市土地再开发的最大难点领域。

在西方国家发展进程中，根据土地再开发的背景、组织形式及开发内容的不同，城市土地再开发也有不同的称谓，如城市更新、城市再开发、城市再生和城市复兴等[97－99]，虽然名称不一样，但实质上都是指城市土地再开发和循环利用。西方城市土地再开发总体上经历了从以政府为主导，到以政府和开发商合作为主导，最后到现在的以政府、开发商及社区三方伙伴关系为主导的城市土地再开发。

城市土地再开发的过程实质上是一个各方利益博弈的政治过程，不同利益群体在对资源进行再分配的过程中，通过协商机制，达成对城市稀缺空间的重新配置。Molotch[100]认为，城市的增长主要来自地方精英的激励和推动，其结果必将引导城市精英之间利益和资源的再分配，重组导致城市土地更大规模和更高强度的再开发，成为城市精英谋取超级利润的增长器，在这一过程中，地方政府和城市精英们构成利益共同体，也称作“增长联盟”。另一些专家认为，城市再开发并不是由企业地方政治经济精英所决定的，还要考虑其他阶级因素，他们联合起来共同影响着城市的发展[101]。城市再开发的过程涉及各个利益群体代表，如开发商、政治家、政府及普通民众，每个群体的目的和动机存在差异，在城市土地再开发过程中，各利益群体之间就会相互影响，从而形成有机的城市土地再开发框架体系[102]。

自 20 世纪 80 年代以来，公私合作伙伴关系成为西方各国进行社会资源分配、执行公共政策的重要手段之一[103]。这是西方国家在进行城市土地再开发时运用的主要形式。根据政府与民间的互动关系，将其分为政府主导、二元组织、协作互助和第三方主导等四种模式[104]。各国政策和法律不同，其城市土地再开发的特点也不同。如美国主要采取区域增长管治、投资、公私合作、城际协同以及财政利导等方式。英国则以城市开发局为主导，运用规划分区、红利补助和项目准入等配套措施为辅的再开发策略。

综上，西方发达国家城市土地再开发的核心目标是为了更加有效地运转资本，使得城市精英在资源重置过程中占据主导地位，以激励和推动利润最大化。但与此同时，为了资本运转得更加顺利，还需要兼顾各方利益之间的相互影响，减少摩擦带来的损耗。研究也表明，在城市土地再开发时，各行为主体及其互动机制对城市资源的空间分配具有决定性作用，无论是政府，还是开发商和社区居民之间则存在着合作、协商、妥协、对立冲突等多重关系。因此，城市土地再开发的过程也是城市社会关系调整的过程。

四、国内土地再开发研究进展

对中国城市土地再开发研究的总结主要从两个大的方面进行：一是从国内相关学科学者的实证研究；二是从国家出台的、与土地再开发相关的法律法规和条例的梳理。两者共同反映了中国城市土地再开发的研究现状和工作现状。

(一)城市土地再开发的实证研究

中国城市土地再开发研究经历了引进和借鉴西方相关理论和方法，到聚焦中国实际，发现现象和问题到解剖原因，再到提出中国模式的过程。对西方理论的引入和借鉴开始于对杜能农业区位的介绍到对李嘉图级差地租的学习，认识到在城市土地再开发中政府和开发商的作用[105]，并尝试利用西方城市经济学模型研究政府、开发商与居民之间的博弈关系[106]。随后，中国学者的研究表现出更强的针对性，集中体现在空间尺度从中宏观的城市尺度转向中微观的社区尺度，研究方法从城市经济学转向城市政治经济学，研究对象从关注传统的旧城区、城中村、工业等的用地置换转向以多元利益互动为主体的生活街区综合开发[107，108]以及城市土地再开发的体制转型趋势[109]。这一时期，国内学者也借鉴西方国家政府与企业构成的“增长联盟”概念[110]，探讨地方政府在城市土地再开发过程中角色的转变，是管理者还是参与者，角色不同其行为特征也存在巨大差异，对城市土地再开发的结果产生极大影响。因此，一些学者开始研究社区尺度下的土地再开发和资源配置过程中产生的多元权益关系，以及多中心协同治理模式等热点问题[111]。

（二）有机更新的中国模式

中国城市旧城区的土地利用难点在于，旧城用地结构不合理，主要表现为：一是旧城内的城市功能过于集中，绿地和开敞空间较少，公共设施用地比例低，尚遗留有部分工业用地；二是丰富的历史文化资源成为城市改善民生、优化环境、经济发展的限制因素，加剧了保护与发展的矛盾；三是旧城老居民区环境恶劣、私搭乱建严重、历史风貌和街区特色的保护与居民改善生活条件的需求相矛盾[112]。而吴良镛[113]针对北京菊儿胡同的改造，总结并提出了中国旧城更新改造的"有机更新"模式，并以此模式来维护历史街区的风貌，特别是在改善居民生活环境的同时，又保护和维系了原居民及其生活空间的本底特色，这是该理论模式的重要贡献。与此同时，在对城市土地再开发的中国实证研究过程中，学者们也发现仅从改造方式和技术层面难以从根本上解决保护与利用的矛盾，进而将视角转向制度建设，提出城市土地再开发的成功与否取决于一个良好的管治模式，这个管治模式是政府、开发商和社区居民协同合作建立的城市组织模式和决策机制，以求为利于弱势群体而在政策体系内寻求制度化和程序化的表达和保障机制，使之成为保障城市土地良性再开发的关键。随后的一段时期，学者利用有机更新模式分析探讨了中国城市更新的发展历程、特征和趋势，针对中国旧城的现状，提出运用渐进式、小规模的有机更新方式保存和发展现有历史街区的社会网络[114，115]。

目前，房地产开发已成为中国城市再开发的主导模式，学者在分析了这种开发模式存在的制度缺失、利益失衡、空间失序、社会分异等现象后，指出我国的旧城改造还没有达到社会制度化，缺乏以人为本的政策框架，缺少战略性长期规划和行动纲领，对城市再开发规划和实施行为没有建立起规范的法制体系，因而也没有明确参与城市土地再开发的多元利益主体的地位和作用，特别是对广大居民的利益保障缺乏调控机制和法律规范[111，116，117]。

（三）北京旧城土地再开发的研究

关于北京旧城的研究关注点主要是以下三方面：一是关于历史

文化名城、历史街区的保护，或者旧城保护与改造的理论探索、实践、建议与反思，宏观和战略层面的居多，从城市规划角度研究较多，还有一些是对北京旧城改造的反思的研究[118-120]。二是对北京旧城改造中典型案例的研究。重点是菊儿胡同[113]、南池子[121,122]、什刹海和烟袋斜街[123]、前门[124]、大栅栏[125,126]、南锣鼓巷[127-130]等，有些研究者亲身参与了项目工作，资料比较翔实。这些研究多关注物质层面的内容，有些侧重于具体项目的规划设计方案及其评价，有些侧重于历史街区的产业发展，尤其是旅游业发展，如马晓龙、吴必虎等[131]研究大栅栏的旅游业协同发展。三是街区更新的模式、公众参与的研究。吴良镛先生 20 世纪 90 年代提出了旧城改造有机更新的理论[132]。近几年来，研究大多以南锣鼓巷和烟袋斜街为例[133]，尤其是南锣鼓巷的改造更新得到了学界的一致认可。但这类研究都可归结到有机更新、小规模改造的思路上来，理论上没有太多新意和突破，只能借助仅有的几个案例研究来充实内容。这反映了这方面学术研究和实践的严重脱节。焦怡雪、刘涌涛[134]以烟袋斜街为例，提出历史街区保护应考虑居民意愿，鼓励并推动社区居民有组织的社会参与，方可在北京旧城更新中提出社区合作更新的新机制[135]。

只有少数学者关注保护北京旧城土地利用及其变化。研究较多的有两个方面。一方面是利用科学技术进行分析。利用三个时期(1951 年、1959 年、1983 年)北京市航空遥感技术，于学文对北京市建设用地趋势进行了分析[136]；贾海樾提取了北京旧城的现状数据[137]；刘锐从城市规划角度，运用 GIS 技术先进软件对北京旧城三个时期的地图(1949 年、1981 年和 1996 年)进行量化分析，指出北京旧城土地利用结构和土地功能演变的过程[138]。另一个方面是对北京市东城区土地利用的研究。早在 20 世纪，仲建惟、魏科就通过对 1986—1995 年东城区土地利用情况的统计分析，指出东城区房地产开发存在的问题和建议[139]。近年来，张杰等根据统计数据分析了东城区土地利用的现状和问题，对其土地规划、利用、储备、供给和开发模式等方面提出创新建议[140]。何新东等根据 RS

和 GIS 数据分析了现状和问题，提出土地利用功能分区的建议。也有少量对北京地下空间开发利用的研究[141]。总之，北京旧城历史街区的土地再开发和利用的研究成果不是很多。

(四)相关法律法规

中国城市土地再开发工作遵循的法律规定主要包括《土地管理法》(1986 年颁布并经 1988 年、1998 年、2004 年修订)、《城市房屋拆迁管理条例》(2001 年颁布并废止 1991 年版)或《国有土地上房屋征收与补偿条例》(2011 年颁布并废止《城市房屋拆迁管理条例》)，这也是旧城改造城镇居民拆迁补偿的主要依据。《土地管理法》明确规定“城市市区的土地属于国家所有……土地使用权可以依法转让……国家依法实行国有土地有偿使用制度”，第 58 条规定，“为公共利益需要使用土地的或为实施城市规划进行旧城区改建，需要调整使用土地”等情况，政府“可以收回国有土地使用权，对土地使用权人应当给予适当补偿”。2001 年起实施的《城市房屋拆迁管理条例》第 23 条规定：拆迁补偿的方式可以实行货币补偿，也可以实行房屋产权调换。在 2007 年《物权法》出台后，2011 年起实施的《国有土地上房屋征收与补偿条例》更加注重维护公共利益和保障被征收房屋所有权人的合法权益，提出了“房屋征收与补偿应当遵循决策民主、程序正当、结果公开的原则”，明确了“公共利益”的内容(包括“政府依照城乡规划法有关规定组织实施的对危房集中、基础设施落后等地段进行旧城区改建”)，指出政府是房屋征收与补偿工作的主体，并在第 19 条规定“对被征收房屋价值的补偿，不得低于房屋征收决定公告之日被征收房屋类似房地产的市场价格……被征收房屋的价值，由具有相应资质的房地产价格评估机构按照房屋征收评估办法评估确定……房屋征收评估办法由国务院住房城乡建设主管部门制定，制定过程中，应当向社会公开征求意见”。

按照相关法律规定，地方政府不仅具有决定拆迁补偿，妥善安置拆迁户的职责，而且还具备出让并决定土地出让合同的权力。国家有关土地分配、运营、管理等方面的政策对历史街区的土地再开发至关重要，前期土地的开发利用是危改项目能否盈利的关键。政府对土地使用权、土地价值和收益、用地和城市经济结构、公共设施和市政基础设施等方面的认定不仅直接影响居民的补偿安置和工作生活等切身利益，也决定开发商能否成功[142]。实质上，政府具备控制土地批租，并且具有独立财政的客观存在[143]。地方政府的这一权力存在着正负两方面的作用，正面作用是为地方政府吸引外来投资创造了机会，促进地方经济发展；负面作用是政府能直接从土地再开发过程中获取利益，必然会影响政府作为城市管治者的中立立场。因此，如何规范政府行为是健全城市土地再开发政策法规的重要研究议题[144]。

综上所述，无论是国外还是中国的城市土地再开发研究，土地作为一种资源和资本的关注，在城市发展和增长进程中的重要地位和作用。在这一过程中，地方政府、开发商和社区居民是多元利益共同体的核心构成，他们之间的互动和博弈关系，是决定城市土地再开发与历史街区保护与利用成功与否的关键。

第三节　研究方法与技术路线

一、研究方法

本书采取的研究方法包括：

1. 比较法

通过类比其他相关领域的研究成果和调查国内外历史街区的相关案例，在归纳其中类型与特点、总结其中经验和教训的基础上，结合本书研究，得出相关研究成果。

2. 实地调查法

通过对北京典型历史街区的实地调研，记录相关信息，结合收集到的相关案例，组成本书研究的第一手资料。

3. 案例研究法

在历史街区保护利用相关理论和概念框架指导下，联系与整合大量相关的研究文献和资料，通过对北京旧城历史街区保护更新现

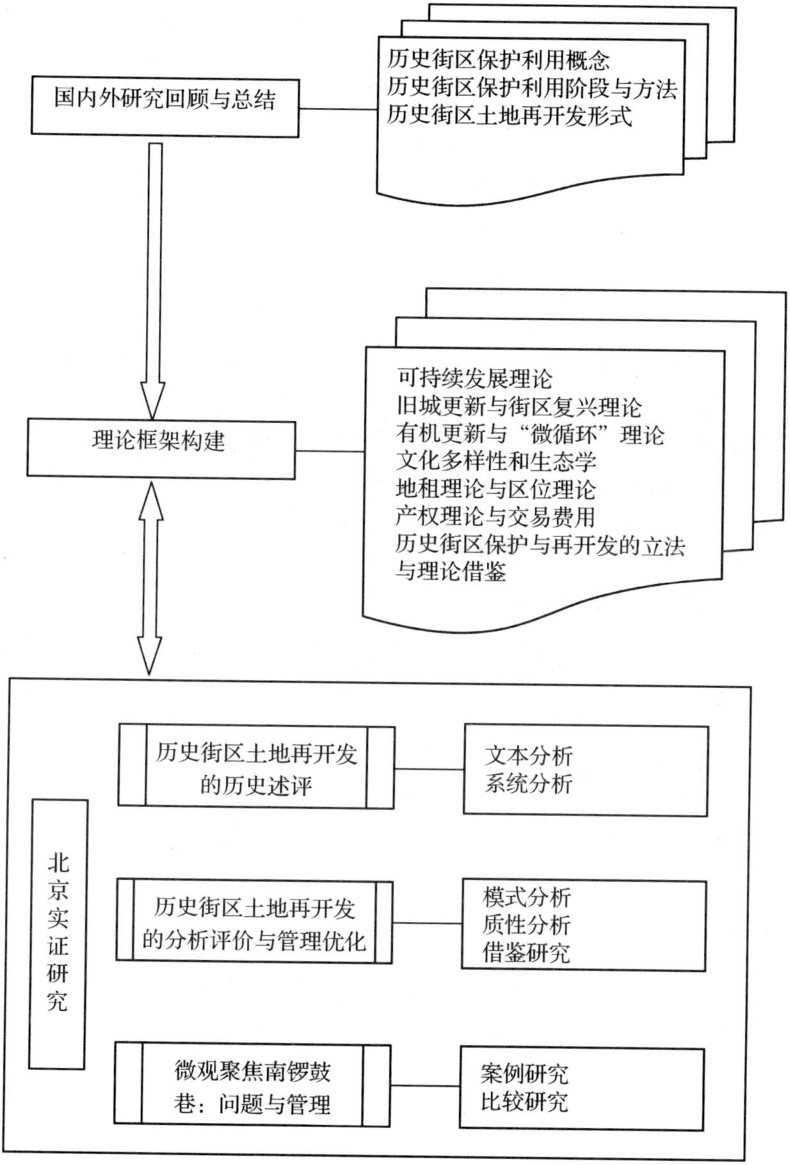
国内外研究回顾与总结
历史街区保护利用概念
历史街区保护利用阶段与方法
历史街区土地再开发形式
理论框架构建
可持续发展理论
旧城更新与街区复兴理论
有机更新与“微循环”理论
文化多样性和生态学
地租理论与区位理论
产权理论与交易费用
历史街区保护与再开发的立法与理论借鉴
北京实证研究
历史街区土地再开发的历史述评
文本分析
系统分析
历史街区土地再开发的分析评价与管理优化
模式分析
质性分析
借鉴研究
微观聚焦南锣鼓巷：问题与管理
案例研究
比较研究

图 1　技术路线图

象及其情景的完整描述，以及对历史街区改造与土地再开发因果关系与立法的解释性案例研究，获取经验，在此基础上进行归纳提升。

4. 综合分析法

对搜集资料、调研成果进行系统的分析整理，通过概念阐述、理论分析进行归纳总结而得出研究成果。

二、技术路线

本书研究基于理论与实际相结合，通过城市历史街区保护文献检索整理与整合分析，总结理论观点和案例经验，结合北京旧城的实证研究，分析北京旧城历史街区保护的土地再开发模式。在此基础上，进行历史街区土地再开发模式梳理及管理工作优化(见图1)。

第二章

历史街区及其土地再开发的理论基础

历史街区是城市发展中的历史沉淀，一直面临着来自社会、经济、环境等方面的挑战，人类社会物质文明与精神文明不断发展是其保护与更新利用的最根本基础。历史街区理论源于实践的总结和升华，又对实践产生重要的指导作用，理论更新与实践探索相互促进，指导历史街区保护与土地再开发与时俱进。同时，历史街区的理论研究不断拓展，受到来自经济、管理、文化、人文等多方面的影响和促进，具有了多学科研究的特性。只有不断地进行理论和实践探索才能使历史文化保护观更为全面和系统，使历史街区保护和土地再开发有章可循。

第一节　城市可持续发展与历史街区有机更新

一、可持续发展理论

1972 年在斯德哥尔摩举行的联合国人类环境研讨会第一次提出了可持续发展(Sustainable development)概念。1987 年，世界环境及发展委员会发表的《我们共同的未来》报告对可持续发展给出明确定义："既满足当代人的需求，又不对后代人满足其需求的能力构成危害的发展"称为可持续发展。

在西方发达国家和地区的城市，从现代城市规划中秉承所谓城市功能分区的做法，即把城市分成居住区、工作或生产区、交通区、娱乐功能区等，彼此完全隔离的各区由快速道路连接，而这一做法在遭受越来越严重的社会隔离和空间分异后遭到摈弃。这一思潮随着简·雅各布斯的名著《美国大城市的死与生》[145]在全球范围内得到传播，并随着可持续发展理论在发达国家经历了对现代城市规划理论的反思和批判后得到进一步发展。早在20世纪90年代初，欧共体就已明确了这一发展目标，德国在建筑法规中明确要求各政府机构保证按可持续发展性城市的标准；向城市内部发展、更新城市老区、营造高品质的都市人居环境就是其中的重要内容。德国南部中世纪老城蒂宾根法驻军区的探索就颇为成功[146]。

随着城市化进程在全球范围内的快速推进，越来越多的人进入城市，城市数量越来越多、规模越来越大，人类和地球的生存和可持续发展正日益演绎成为城市的可持续发展。20世纪90年代以来，由联合国人居署、环境科学家和城市规划与设计专家们提出的宜居城市（Livable City）和可持续城市（Sustainable City）概念迅速被全球范围的大部分城市所接受。1996年在伊斯坦布尔召开的联合国第二届人居会议的中心议题之一就是“城市化世界中可持续的人类居住发展”。1997年，中国政府将可持续发展战略确定为国家实施战略，纳入中国经济和社会发展的长远规划，并编制了《中国21世纪人口、资源、环境与发展白皮书》，包括社会可持续发展、生态可持续发展和经济可持续发展。

历史街区的保护与可持续发展理念不谋而合，它提倡尽量利用街区的现有资源，维持街区的完整性和传统风貌，可以使后代能通过历史街区了解城市的发展。历史街区保护开发目标是为了改善历史街区整体环境，提升居民生活的舒适度，合理利用街区历史资源，发展街区经济；而且，在物质资源永续利用的同时，使人文资源尤其是历史文化遗产资源保护和利用具有可持续性。在历史街区的土地再开发过程中，要保证传统的历史风貌的原真性，又要繁荣街区经济，实现街区的可持续发展。

二、旧城更新与街区复兴理论

20世纪50年代以来，西方国家在旧城改造的实践中，逐渐形成和丰富了旧城更新的理论，这些理论多是对实践经验的总结，体现了其多阶段发展的特点，反映了西方社会认识的提高和思想的升华，其关注重点从单纯的城市物质环境的改造到经济、社会和环境的共同发展，政府的角色从经营管理者转变为参与协调者，私人部门的作用越来越受到重视，并且与政府一同成为资金来源的重要渠道[147]，历史街区保护越来越成为全社会的共识(见表 1)。

从简・雅各布斯的《美国大城市的死与生》(1961 年)、刘易斯・芒福德的《城市发展史：起源演变和前景》(1961 年)，到 E. F. 舒马赫的《小的就是美的》(1973 年)、G. 亚历山大的《俄勒冈校园规划实验》(1975 年)，反映了西方国家对旧城改造中大规模推倒重建的反思，认识到大规模改造忽略和摧毁城市历史环境中诸多有价值的东西，缺少多样性和选择性，城市丧失宜人的环境和尺度，造成浪费不经济，而只有采取中小规模包含多种功能的逐步改造，才能提升城市的活力和生命力。进入 21 世纪，可持续发展和以人为本的理念已成为城市再生的出发点，城市中各种形式的历史文化保护，以及城市的社会综合性和人文主义内涵越来越受到关注。[147]

历史街区复兴理论是西方国家对二战后大规模城市改造反思的成果，它提倡小规模、渐进式的发展模式，关注人与自然环境、人与社会环境之间的平衡关系，强调规划的灵活性、对环境的可适应性以及公众的参与性，关注政府、地方、开发商、居民和规划师等之间的合作关系[148, 149]。大多处于城市中心区的历史街区所具有的场所感和独特气质构成了城市的魅力和活力。可以说，历史街区的复兴就是城市的复兴。

历史街区往往由于历史变迁等原因处于衰败状态。为了实现历史街区的振兴，美国华盛顿州西雅图的先驱广场等采取了以资产处置为先导的振兴模式，马塞诸塞州的罗维尔、都柏林的坦普尔街区等采取了以文化和旅游为先导的振兴模式，巴黎马赖街区采取了以住宅建设为先导的振兴模式[150]。在城市旧区改造的问题上，可以更多地考虑公众对于城市公共文化遗产的话语权问题，更多地在一种全新的视野下审视城市的更新与再生，如区域文化的创新与城市生活尺度的修复等，为城市更新设计和旧区改造创造一个交集：为人的生活与活动提供一个更加相适应的背景和舞台。对于保护城市旧区，欧洲做得非常到位，成为人们生活于斯的理由之一。为了维护社会结构的多样性，让各阶层的市民都享受城市中心的生活，从马雷保护区到艺术中心地区，不论是旧建筑改造还是新建建筑，都有相当大的比例是面向大众的社会住宅。

表 1　西方旧城改造的相关理论

时间	阶段	主要内容
20 世纪 50 年代	城市重建（Urban Reconstruction）	主要内容是以物质改造为主的大规模重建；公共和私有部门联合投资，重点建设地方发展项目。
20 世纪 60 年代	城市振兴（Urban Revitalization）	根本措施是经济振兴，解决城市贫困、就业和冲突；公共部门和私有部门共同承担。
20 世纪 70 年代	城市更新（Urban Renewal）	务实的、内涵式城市更新政策，致力解决内城衰退问题；致力于更新邻里社区，强调社会发展和公众参与，寻求人口和就业的平衡。
20 世纪 80 年代	城市再开发（Urban Redevelopment）	主要标志为一批大规模的旗舰工程；私人投资为主，社区自助式开发，强调私人部门和一些特殊部门参与，培育合作伙伴，政府有选择地介入；置换开发项目为主，更加关注环境问题。
20 世纪 90 年代	城市再生（Urban Regeneration）	注重建立合作伙伴关系，强化战略思维；注重公共、私人和志愿者之间资金投入的平衡，强调发挥社区作用；更加注重城市历史化遗产的保护，城市环境改造注重可持续发展。

续表

时间	阶段	主要内容
21世纪以来	城市复兴（Urban Renaissance）	致力于社会与经济的复兴，以提升城市竞争力；明确合作伙伴关系；文化倡导，核心在于人的回归，营造城市的人气；着眼于现有城区的管理与规划。

资料来源：根据张平宇[151]、唐历敏[149]文章整理。

三、有机更新理论与“微循环”理论

吴良镛[132]的“有机更新”①理论强调城市建设必须遵循城市原有的肌理和结构，城市从街区到建筑、从整体到局部，就像一个生物体，遵从内在的秩序和规律，和谐共处，有机关联。

如果将“有机更新”作为一种城市更新改造的方法，则其要求在适度规模尺度范围内，根据改造的内容和要求，对改造对象的现状与未来进行妥善处理，以提高目标对象的规划设计质量，从每一细节和微观尺度入手，使每一片规划设计都实现相对完整的发展，进而促进目标对象的整体环境改善，达到有机更新的目的[152]。从更广泛的视角看，有机更新理论更像是一种观念和思想，表达了一种良性的、可持续发展的过程和变化形式。

历史街区保护采用的就是这种有机更新，不破坏原有街区的历史建筑、胡同肌理和街道空间格局，以原街区形态为基础，对街区环境进行再创造，以弥补和强化历史街区的空间特征。在保护更新中尽量利用保护原有住宅建筑，通过一系列手段对房屋内部进行维修，改善房屋的居住条件。对于居住条件恶劣，已成危房的建筑采

① “所谓有机更新，即采用适当规模、适当尺度，依据改造的内容和要求，妥善处理目前与将来的关系——不断提高设计质量，使每一片的发展达到相对的完整性，这样集无数相对的完整性之和，即能促进北京旧城的整体环境得到改善，达到有机更新的目的。”

取拆除重建的方式，新建的建筑在建筑材料、建筑技术、建筑形态方面要与原有建筑相一致，与周围整体环境相融合。

在“有机更新”理论的指导下，北京市先后对白塔寺(1992 年)和国子监(1996 年)等地区进行了保护、改建和整治，为其他城市和地区提供了借鉴和参考[135]。

宋晓龙[53, 54]提出了“微循环”理论。该理论认为，保护与更新都是为了更好地创造和保有价值，两者既对立统一又相辅相成，其对象也会互相转变，形成一种动态循环的过程。只有将保护与更新的对象划定“微型化”，才能更好地实施保护规划和程序，使新旧建筑物更替过程“微型化”，进而保证在有序循环的更新过程中持续保护历史街区的整体风貌[153]。依照微循环理论，在历史街区保护规划中应遵循整体保护、动态保护、“微型化”划分、居民参与以及可持续发展的原则，综合考虑历史街区及其建筑的多层次保护，实体建筑形态与虚拟空间肌理的关系；以动态变化的视角取代静态的、形而上学的保护更新观念；以四合院为基本单位划分地块，以地块规模的“微型化”调控改造更新规模和幅度的“微型化”；通过政策引导和相关制度改革，调动历史街区居民积极参与保护更新，推进居民对传统风貌保护的自觉性；坚持逐步疏解历史街区人口密度，改善居民的居住条件，提高基础设施布网等级和绿化率，控制建筑密度，美化街区环境，提升历史街区的发展潜力和可持续发展能力。

第二节　城市土地利用的经济、制度与文化

一、地租理论与区位理论

土地既是宝贵的自然资源，又是生产力的重要因素，是城市发展最重要的依托。土地具有资源的稀缺性、资产的基础性、区位的效益性、边际产出的递减性等经济特性。城市土地经济属于微观城市经济学的内容，主要包含城市区位理论和地租理论，是旧城改造土地价值评估以及确定改造项目的定位、改造方式的关键。[154]。

1965年威尔伯·汤普森的《城市经济学导论》标志着城市土地经济学成为一门独立的学科，是基于新古典经济学脉络上产生的空间研究方法，其基石是地租理论。地租理论在旧城改造中的运用主要是级差地租理论，城市级差地租产生的原因是土地经营权的垄断，产生条件是土地等级不同，级差地租的存在使土地得以保值增值。具体到旧城更新中，旧城一般具有较好的区位优势但基础设施和居住条件不佳，通过更新改造可以改善配套设施和居住条件，从而提高土地价值，开发商之间的竞争还会进一步抬高土地价值[155]。城市更新是一种以城市土地利用为核心的经济活动，同时具备两大经济特征：空间特征和时间特征，前者表现为土地区位、开发用途、强度及垂直空间的相互关系及与开发效益的相互作用；后者表现为对现实建筑物的价值与潜在地块价值的关系，即既定用途下的机会成本。我国旧城改造和土地功能置换现象可说明对城市开发的空间经济特征和时间经济特征的准确把握会影响城市今后的发展道路与模式。[156]

区位是指人类行为活动的空间。区位理论是关于人类活动的空间分布及其在空间中的相互关系的学说。具体地讲，是研究人类经济行为的空间区位选择及空间区位经济活动优化组合的理论。城市地域空间利用结构可以说是土地利用方式、土地利用程度和利用效果的总和，其结果反映了城市空间的基本结构形态和城市区域内各功能的地域差异。城市土地不仅具有数量有限、位置固定、供给稀缺、使用永续等土地资源的共性，还具有用地类型多样、使用功能结构复杂、土地区位极端重要和利用高度集约等特性。城市区位理论旨在为各项城市活动寻找最佳区位，使城市形成合理的有机联系的土地利用空间结构。[157]

阿隆索(Alonso)的现代城市竞租①理论成功地将空间关系与距

① 竞租是指土地使用者为不同位置的土地彼此竞争，根据自己所能支付的地租与该地块可能获得的最大收益权衡愿意支付的价格。在通过价格制度调节土地利用的社会，原则上，城市每块土地的使用者都是愿意支付最高租金的人。

离因素引进经济学领域，认为各种活动以其能支付的地租通过土地供给中的竞价决定各自最适区位。土地利用类型因与城市中心的距离不同而有差异，一般市中心地价最高，应该被能支付高额地租的城市功能和活动占据，如商业、工业和住宅区。[158]由于历史原因，历史街区一般都位于市中心，占据地价高位，因此，对于土地再开发而言具有很强的吸引力。即使由于历史原因衰败了，或者由于城市发展的原因不再是城市中心了，历史街区也会因为拥有大量历史遗存和较好的配套优势仍然具有较高的土地价值和开发潜力。在旧城改造中，需要根据每一块具体区域的地域特点，确定其定位、改造模式，从而达到最佳效果。

二、产权理论与交易费用

按照科斯的定义，新制度经济学就是利用新古典经济学分析制度的构成和运行，并发现其在经济体系运行中的地位和作用，它是应用现代微观经济学分析研究制度和制度变迁的产物。

交易是制度经济学的基本分析单位，交易费用①（Transaction Cost）是新制度经济学的核心范畴，科斯、阿罗和威廉姆斯是其中的代表。该理论认为企业和市场是两种可以相互替代的资源配置机制，由于存在有限理性、机会主义、不确定性与小数目条件使得交易费用高昂，为节约交易费用，企业作为代替市场的新型交易形式应运而生。交易费用决定了企业的存在，显示了制度的重要性，企业采取不同组织方式最终是为了节约交易费用。强调交易成本是“经济制度操作的成本”（肯尼斯·阿罗），是由于制度摩擦特别是产权不清导致的费用，广义上来说，交易费用就是制度费用。交易成本的前提是人们的利益分歧，本质上是包含信息成本、界定和控制产权的成本、监管成本和制度结构变化成本等在内的制度成本。交易成本的变化体现出制度结构的变化。

① 交易费用是交易过程中发生的费用，是与转让、获取和保护产权有关的成本。后来，张五常进一步把交易费用扩展为“制度费用”。

产权①理论认为，私有企业的产权人因为能享有剩余利润占有权从而有较强的不断提高企业效益的激励动机，有助于人们在交易中形成合理的预期，对人的行为的激励，提高资源配置的效率。公共产权会导致“公地悲剧”②和“租值耗散”③的问题。不同产权安排绩效不同，正如科斯第二定理所说的：“在交易费用大于零的情况下，不同的产权界定，会带来不同效率的资源配置结果”。能够保证经济高效率的产权具有明确性、专有性、可转让性和可操作性等特征。明晰的产权界定是市场交易的前提条件，可以很好地解决外部经济。只要产权界定不清晰、交易成本不为零，市场机制就会由于外在性的存在而失灵。[159, 160]

在历史街区保护与土地再开发中，保护、更新和再开发都可以看作一种交易，历史街区保护规划的编制、审查和实施产生的费用，以及历史街区拆迁中居民为保护自身的居住权讨价还价所耗费的成本都属于交易成本。清晰有效的法律制度会降低历史街区保护的交易费用，对国民宣传教育以形成有利于历史街区保护的城市文化，也会降低保护的交易费用。

但是，在历史街区保护实践中，产权的界定虽然非常重要却很难界定。城市历史遗产是一种特殊的经济物品，对人民生活、城市和人类的未来具有特殊意义，遗产产权存在公共利益，产生了很高

① 法律上的产权主要是指特定人对特定客体排他性的支配权，有时也用物权代替产权。经济学上的产权概念更加宽泛，从新制度经济学的研究范式上看，产权反映的是人与人的社会关系，在竞争社会中是一种社会制度，也是促使人们改变选择行为的局限条件。

② “公地悲剧”(Tragedy of the Commons)是指，当资源或财产有很多拥有者，且每个拥有者都有权使用资源但无权阻止他人使用时，会导致资源的过度使用，导致环境退化。公共物品因产权难以界定而被竞争性地过度使用或侵占，如草场过度放牧、海洋过度捕捞等。

③ “租值耗散”理论(The Theory of Rent Dissipation)是指，由于产权安排方面的原因，本来有价值的资源或财产出现价值或租金下降，乃至完全消失。

的外部效应，如果将历史建筑全部作为公共产品，由于公共资金的有限性，保护成本会很大。界定这部分外部效应成本很高，只能将部分产权留在公共领域，通过公共决策和合约来管理和约束。如四合院各住户倾向于占有四合院内部的公共空间（公有产权）而满足自己对居住空间的需要，却使其他住户承担公共空间受损的后果，使四合院变成了大杂院，导致“公地悲剧”。又如历史街区的历史建筑以及历史街区土地被不合适地低价值、低效率利用，导致租值耗散现象[161]。

三、文化多样性与文化生态

文化多样性概念是 1992 年在里约热内卢召开的世界环境与发展大会中首次提出来的。第二次世界大战结束后，西方国家为了解决城市中心区贫民窟和环境污染问题，开展了大规模城市更新运动，虽然改变了城市面貌、推动了经济的高速发展，也使旧城中心迅速衰退。富裕阶级为了追求更大的居住空间和良好的生态环境，搬迁到环境条件良好的郊区；旧城中心工商业也纷纷外迁，旧城中心一副衰败景象：居民多以贫民为主，交通拥堵、市政和基础设施落后、商业活动减少、犯罪率上升等，一到晚上成为“死城”，中心区失去了活力，成为城市发展的“肿瘤”，这些现象促使一些学者开始思考城市文化多样性的问题，他们认为旧城区是整个城市重要的有机组成部分，不能放任不管，让其自生自灭，呼吁政府要采取积极措施使旧城区再次获得发展的活力。而作为城市活化石的历史街区，在为城市居民提供不断改善的生活环境的同时，更需要通过生活在其中的人和物为历史街区的持久发展融入多元和多样文化[162]。

人们很早就重视自然界生物多样性的保护，认识到生物多样化的延续对人类社会至关重要，但是对文化多样性的保护还没有引起足够的重视。在人类社会城市体系中，文化多样性也同样是其发展的重要基础。文化的多样性一方面来自不同时代和不同地方的文化景观及其组合表现形式，另一方面来自具有不同社会属性的人类群体所映射出来的各自族群的独特性和多样化。因此，无论是从经济考量，还是关注社会视角，城市文化的多样性是保持城市平衡稳定和持久活力，满足城市生活需求的必需特质[163]。

历史街区是城市发展过程中重要的组成部分，它保存的历史文化遗存承载了丰富的历史信息，直接体现了城市文化的多样性。所以在城市发展过程中，如何保护历史街区，如何体现文化多样性是一个值得关注的问题。

20 世纪 20 年代，美国芝加哥学派的创始人帕克和伯吉斯最早应用达尔文的生物进化论来描述城市社会空间格局和演变，认为城市社会的演化过程就像生物进化一样，是一种竞争与共生的过程，这也是支配城市发展的基本过程。基于此，文化生态学就是研究城市的社会分异及其相互关系，特别是城市不同社会阶层的居民与城市原生文化环境特性之间的关系。一个城市在历史长河中积淀下来的历史文化和景观，是自然环境的物质形态通过人们的社会经济活动优化竞争保存下来的结果。反之，这些固定下来的物质形态也在很大程度上影响着同处一个社会空间内的群体行为特征，形成共有的价值，进而促进城市历史文化空间的凝聚和形成。因此，文化生态理论强调对历史的尊重、对文化的重视，对历史文化街区的保护与发展有指导意义。欧洲委员会通过的《欧盟可持续城市发展：行动框架(1998)》强调将文化遗产的保护、地方文化的强化和文化的提升作为一项重要的财富，通过政府导向建设一些作为形象或标识的文化项目，建立文化区和举办文化节等方式，将文化作为一种独特资源，以振兴城市中心区的经济发展，同时，将文化作为一个国家和地区未来发展的战略目标[164]。

第三节 历史街区保护与再开发的立法

一、国际立法的推进

经过数百年的实践探索与思想演变，国际社会对历史街区的保护逐渐深化。独具文化特色的历史街区和历史性城市被纳入保护之中，保护范围不再局限于其中的物质文化遗产，而是扩展到非物质文化遗产。历史街区保护的理念也经历了一个同步的发展过程，从国家立法到地区立法、国际立法；从单纯、原封不动的博物馆式保护，到恢复历史街区活力、扩展新功能，使之融入当代城市发展中，反映了国际社会对历史街区保护与利用认识的深化和扩展。

1. 从保护历史建筑到保护历史建筑周边环境

英国是第一个将文化建筑保护以法令形式确定下来的国家，早在 1883 年就通过了第一个“古迹保护议案”。随后，法国、美国、日本等国家也都先后提出了对历史文物建筑加以保护的法律条文。1972 年通过的《保护世界文化和自然遗产公约》，即《世界遗产公约》标志着国际社会对历史文化遗产保护的认识达到了一个新的高度。以《世界遗产公约》为核心形成的世界遗产保护运动，是人类文明进步的重大成果，向人类社会提出了关于遗产的简洁而永恒的理念，即它们不仅属于当地人，也是全民族乃至全人类的共同遗产；不仅属于当代人，也是子孙后代的共同财富。遗产是历史和祖先留下的，未来的人同样有权面对这些遗产并借此与历史和祖先进行感情与理智的交流。因此，当代人应不遗余力地保护世界遗产，在传承中适当利用。自 1975 年 12 月《世界遗产公约》生效以来，至今已有 186 个国家和地区加入其中，成为目前缔约国最多的国际公约之一，也是遗产保护领域最具普遍性的国际法律文书。截止到 2007 年 7 月，全世界共有 140 个国家和地区的 851 处遗产列入《世界遗产名录》[165]。

1933 年，《雅典宪章》第一次提出了保护“历史价值的建筑和地区”的概念，其主要内容有：保留代表某时期的可引起人们普遍兴趣并可以教育人民的建筑物；保留不妨碍居民健康的建筑物。虽然《雅典宪章》没有明确提出要保护历史街区，但它达成了保护历史遗存的共识，是以后历史街区保护和更新利用的基础性文件。同时它还具有转折性的意义——将历史文物古迹的保护范围由单体建筑扩展到地区，是人类在认识历史文化遗产保护上的一次跨越。

1964 年通过的《威尼斯宪章》提到了要保护“历史地段（即历史

街区)”，它指的是“文物建筑周围的地区”，类似于我们现在所说的文物保护单位周围的“建设控制地带”[166]。

随着人们生活水平的提高，越来越多的公众表达了对钢筋混凝土建筑成的“千城一面”城市景观的不满和对传统街区文化和城市传统风貌消失的惋惜，现代建筑技术塑造的丑陋建筑群，毫无地方特色，历史街区反而更受大众青睐，历史文物古迹的价值得到了大众的广泛认可。人们逐渐认识到历史文化遗产是全人类的财富，保护文化遗产不仅是每个国家的职责，也是整个国家社会的共同义务，随着人们的保护意识越来越强，各国纷纷采取措施来保护传统城市风貌建筑，普通民众也积极参与保护工作，历史文化遗产保护运动逐渐变成一种世界性潮流，受到世人关注。

2. 从历史街区保护到历史街区的保护和复兴

法国是最早立法保护历史街区的国家。早在1943年，法国就规定在“历史建筑”周围500米半径的范围内采取保护措施。1962年的《马尔罗法》明确表述了要保护历史街区，是世界上最早的有关历史地区保护的法规。此后，英、美、日等国家也相继制定了关于历史街区保护的法律法规[167]。

《内罗毕建议》和《华盛顿宪章》是历史街区保护史最有意义的两份国际性文件。1976年在肯尼亚首都内罗毕通过的《内罗毕建议》(以下简称《建议》)指出：“面对因循守旧和非个性化的危险，这些昔日的生动见证对于人类和对那些从中找到生活方式缩影及其某一基本特征的民族，是至关重要的。”《建议》在总则中明确指出，“历史地区及其环境应被视为不可替代的全人类遗产的组成部分”，“每一个历史地区及其周围环境应从整体上被视为一个相互联系的统一体，其协调及特性取决于它的各组成部分的联合，这些组成部分包括人类活动、建筑物、空间结构及周围环境。因此一切有效的组成部分，包括人类活动，无论多么微不足道，都对整体具有不可忽视的意义”，“历史地区及其周围环境应该得到积极保护，免受各种损坏”。建议肯定了历史街区在社会、经济、文化、艺术、历史等方面的价值，确认了历史街区是有价值的整体性的建筑遗产。并且从各个角度提出了保护历史街区的措施，强调要在保护的前提下利用，以便更好地保护和发展街区[168]。

1987年在华盛顿通过的《华盛顿宪章》(以下简称《宪章》)是关于历史地段保护的又一重要国际宪章，它总结归纳了各国做法、经验和共性问题，并将历史性建筑的内外面貌，建筑物与绿化、旷地的空间关系，地段与街道的格局和空间形式，地段与周围的自然和人工环境的关系，以及该地段历史上的功能和作用等作为历史地段应该保护的内容。《宪章》指出“应该予以保护的价值是城市的历史特色以及形象的表现着那个特色的物质的和精神的因素的总体”[169]。总之，历史地段保护更关注整体环境，强调保护与延续当地居民的生活。

2005年5月，世界遗产与当代建筑国际会议通过了关于“世界遗产与当代建筑——历史城市景观管理”的文件，即《维也纳备忘录》，综合考虑了当代建筑、城市可持续发展和景观完整性之间的关系，提倡采取综合方法维护城市景观。当年10月，在西安召开的国际古迹遗址理事会第15届大会暨科学研讨会的主题就是“背景环境中的古迹遗址——不断变化的城乡景观中的文化遗产保护”，会议通过的《西安宣言》因首次在国际性的行业性文件中提出文化遗产所处环境的极端重要性而具有里程碑意义。《西安宣言》强调保护历史建筑、古遗址和历史地区环境，提出文化遗产是历史信息的载体，离开了环境，就将成为孤零零的标本；有着文化生态意义的环境，与单体的文物同样重要，而且整体的历史环境提供给人的精神记忆更加强烈；“环境”是体现文化遗产真实性的一部分，需要通过建立缓冲地带加以保护；要充分认识到保护和延续历史建筑、古遗址和历史地区在其环境中的存在意义，针对由于经济社会发展、人们生活方式或自然灾害引起的城镇景观的变化，减少、延缓和避免变化进程及其对丰富的文化遗产的真实性、意义、价值、完整性和多样性的威胁。《西安宣言》将文化遗产的范围扩大到了“环境”，包括物质与非物质遗产、文化与自然遗产等更广泛的内涵，不仅是指环境的自身物质实体和人们对这个环境的视觉印象，也指文化遗产与周边自然环境的相互作用，还指遗产环境的文化背景及与该遗产相关的社会活动、习俗、传统知识等非物质文化遗产形式，文化遗产环境的范围从文化遗产周围的物质环境，扩大到其文化背景及其相关的非物质文化遗产。指出要用多个学科、多种技术来认识和理解古迹周边环境的重要性，通过规划手段和实践来保护和管理周边环境，扩大地区间、学科间和国际的合作，共同提高古迹保护周边环境的意识，使它成为一项全民运动[170]。

从《雅典宪章》到《西安宣言》，可以看到历史文化遗产的保护范围不断扩大、保护原则不断更新、保护程度逐渐加深，形成了较为完整的历史文化遗存保护体系。尤其值得一提的是，有关历史街区保护的概念逐渐形成、理念逐渐深化、理论体系逐渐完善(见表2)。

表2　有关历史街区保护的国际文件

文件名称	宣布时间	主要内容
《雅典宪章》	1933年	提出保护有历史价值的建筑和地区。
《威尼斯宪章》	1964年	强调对包括古建筑及其周围环境的整体保护。
《内罗毕建议》	1976年	肯定了历史街区的价值，重视历史街区保护，并从多个角度对历史街区保护提出相应措施。
《马丘比丘宪章》	1977年	既要保护和维护好城市的历史遗迹和古迹，又要继承好文化传统，明确传统精神文化和实体遗存的同等重要性。
《华盛顿宪章》	1987年	提出历史建筑、古遗迹和历史地区环境的变化是一个渐进的过程，必须对此加以监测和掌控。
《维也纳备忘录》	2005年	在对城市的环境进行建设中，必须要注重对历史文化遗存和古建筑的保护，注重传统文化的延续，保证古建筑的完整性与真实性，同时也要满足现代城市发展的要求。

续表

文件名称	宣布时间	主要内容
《西安宣言》	2005 年	强调了“历史建筑、古遗址或历史地区的环境”是包括“除实体和视觉方面含义外”，“过去的或现在的社会和精神活动、习俗、传统知识等非物质文化遗产方面的利用或活动，以及其他非物质文化遗产形式，它们创造并形成了环境空间以及当前的、动态的文化、社会和经济背景”。

资料来源：根据张松[171]整理。

总结这些关于历史文化遗产保护的国际文件，其共同点有四：①具备科学性。这些国际文件都是包括社会学、历史学、经济学、规划学、管理学等学科领域的专家共同探讨的结果，既是对实践经验尤其是教训的总结，又在世界各国保护实践中起到指导作用。②具备广泛的适用性。世界各国家都有各自独特的历史文化遗存，而且面临着保护这些全人类的共同财富的任务和责任，这些国际文件适用于各个国家和地区。③具备很强的原则性。随着对历史文化遗产的认识加深，国际文件并没有陷入“保存”的误区(即要求原封不动地保存下来，没有考虑文物古迹的保护性利用，其价值性没有得到最大限度地发挥)，提出要在保护的同时加以利用，要在现代城市发展中仍然能成为人类良好的居住家园，承担一定的城市功能。④具备很强的现实性。由于历史街区是正在使用的、仍具有活力的一片街区，因此，国际文件关于历史街区保护的原则和方法，强调要鼓励居民积极参与；要精心建设和改善基础设施和居民住房条件，适应现代化生活的需要；同时，控制现代交通(汽车、停车场)、新建筑，使之与传统特色和周边环境相协调。正因为具有以上特点，这些国际文件在过去指导着城市管理者、建设者和公众更好地保护历史文化街区，在城市快速发展的今天，对于历史街区的保护和更新利用工作，仍然具有很强的指导性和现实意义。

二、典型发达国家的立法

西方城市的历史街区保护是由旧城改造发展而来的。西方国家内城改造开始于20世纪上半阶段，具体原因各不相同，如英国为了清除城市里的贫民窟，法国为了分散拥挤的城市人口，解决用地矛盾等，但起因都是城市化导致产业结构和旧城功能的调整优化，房地产商为了获得最大利润就提高了土地利用强度，扩大建筑容积率[172]。大规模的内城改造使旧城区的功能适应了城市长远的发展要求，也因破坏历史文物建筑及其环境、割断城市发展脉络、失去城市个性等饱受学者的质疑和批评。

人们在反思大规模改造运动中意识到了保护历史文化遗产的重要性并达成了共识，各国纷纷建立历史文化保护机制，形成了较完善的法制体系。1840年法国颁布的《历史性建筑法案》是世界上第一部关于保护文物的法律，美国1906年颁布了《联邦文物法》(The Antiquity Act)，日本1871年颁布了《古器旧物保存法》，韩国于1962年制定了《文化遗产保护法》。对于老城区的更新，德国经过长期实践形成了专门的整套程序，有专门的法规，如在1971年出台的《特别城市更新法》，自1986年来正式并入《德国建筑法》。按照法律规定，一个老城区的更新需要经过前期调查、更新准备、市议会决议、确定更新地区边界、实施阶段、市议会决议：更新完成[146]。建国历史不长的美国非常重视历史文化遗产的保护与立法。早在1872年，美国就设立了“国家公园”(National Park)，其中也包括了印第安人的文化遗址等历史文化遗产；国会先后通过了《1906年联邦文物法》、《1935年历史遗址、建筑、物体及古物法》、《1966年国家历史保护法》、《1979年考古资源保护法》以及《1990年美国土著坟墓保护和归还法》，有关历史文化遗产保护的法律法规逐渐完善，立法保护的范围广泛、内容丰富，“从羊皮纸上的独立宣言到考古发掘的文物都在保护之列”[173]，具有一定历史价值的建筑物、历史遗迹和纪念性标记等更是被放在首要位置。在此，仅选择历史文化遗产丰富、历史风貌保留较好、历史文化遗产保护立法管理体系较完善的英国、法国、美国以及日本作为典型，加以剖析。

(一)英国历史街区保护立法

英国文化遗产保护的立法体系以国家立法为核心，针对古迹、登录建筑、保护区以及历史古城多层次保护的对象，规定了较为详尽的保护办法、保护机构与团体、地方政府职能、资金保障政策等，尤其是将保护组织的监督和立法参与都纳入立法与执法的程序中。地方政府主要是执行、解释这些法律条文，并为公众提供规划指南、建设与保护咨询，同时通过制定本地区的规划及法规性文件对国家立法做有限的补充与深化[174]。

英国历史文化遗产保护的立法首先来自民间学术团体的巨大推动。19 世纪，围绕古建筑原貌是否可以改变、古建筑修缮是否应整旧如旧等历史文化遗产保护的基本问题，英国的古建筑及古迹保护运动成为公众热议的话题。1877 年，英国最早的民间保护组织“古建筑保护协会”在英国大规模改造旧城区的背景下创建，旨在保护古建筑，反对拆毁或无原则重修古建筑，以文字和各种形式唤起公众的保护意识。到 1975 年，英国登记的保护团体已达 1250 个。这些保护团体从不同方面不同程度上发挥了积极作用，使英国的历史文化遗产保护成为持续性的“群众运动”。目前，比较有影响的保护组织有全国性组织古迹协会、不列颠考古委员会、古建筑保护协会、乔治小组、维多利亚协会等环境部规定的机构，皇家美术委员会、不列颠皇家建筑师协会、皇家规划学会等半官方机构，以及伦敦文物家协会、国家美术及装饰协会联合会、拯救不列颠遗产协会、环境保护协会等全国性文化团体。可以说，大规模的民间保护运动和公众参与最终促成了有关法律的出台。

1882 年颁布的《古迹保护法》是英国历史文化遗产保护制度的开端。该法令保护对象主要是史前遗迹、古代建筑物等历史遗产，对无人居住的遗构和遗址，国家可收购或由国家监管。据此，21 项古迹受到国家管理。1900 年的《古迹保护法修正案》将保护内容扩大到住宅、庄园等有历史意义的建筑，使 400 项古迹得到保护。

1913 年的《古建筑加固和改善法》和 1931 年的《古建筑加固和改善法修正案》，使 1 万个私人所有的古迹被编入名单受到法律保护，业主的处置权被限制。1933 年的《城市环境法》将古迹周边 500 米的范围设定为保护区。

1947 年的《城乡规划法》真正创立了登录建筑保护制度，并将其作为城市规划制度中的一个重要环节。它明确规定了城市规划的公共权优先于建筑所有者的财产权，对历史建筑的登录可以不必经过财产所有者同意并没有相应的补偿措施。该法案堪称是英国城市规划发展史上的里程碑。1962 年的《城市生活环境质量法》和《地方政府古建筑法》授权地方政权机构对登录建筑物的维修管理提供资助或贷款。1968 年的《城乡规划法修正案》对登录建筑加强法律保护，并授权保护组织参加处置登录建筑拆毁、改建等问题的法律程序，提供咨询参考意见。在 1990 年颁布的《城乡规划(登录建筑和保护区)法》中，进一步明确了登录建筑的定义、法律程序和开发建设、公众参与、产权关系、财政资助等。

保护区保护制度创立于 1967 年的《城市文明法》(Civic Amenity Act)，这是首次在法律中确立了保护区的概念。该法令要求地方政府将本行政辖区内“特点或外观值得保护或予以强调的、具有特别的建筑和历史意义的地区”划定为保护区，同时，国家有权直接将任何有历史、文化、艺术价值的建筑群列为保护区。英国现有 7500 多处保护区[175]。1974 年，《城市文明法修正案》将保护区内所有未登录建筑纳入城市规划的控制之下，国家可干涉保护区的划定，加强对被忽视了的登录建筑的保护措施。同时，为欧洲建筑遗产年提供特别资助。

1969 年的《住宅法》则确定了巴斯(Bath)等四个历史古城为国家重点保护城市，它们古建筑众多且集中成片，又是著名的旅游城市。除了这四座重点保护的古城以外，其他古城的保护都是以登录建筑和保护区为核心。以伦敦这座历史性城市为例，1991 年，在伦敦古城内划定了 23 个保护区、543 个登录建筑、33 项共 54 处古迹[175]。

百余年来，英国的历史文化遗产保护经历了古迹（Ancient Monuments）、登录建筑（Listed Buildings）、保护区（Conservation Areas）和历史古城保护等几个阶段，保护对象从石头遗址扩大到建筑、保护区及自然与人类的环境；形成了古迹、登录建筑和保护区三个层次的历史文化遗产保护体系，其中，登录建筑和保护区是重点，历史古城则是作为保护区的一种特例，即整个城市就是一个完整的保护区。至今，国家已制定了以《城乡规划法》为代表的几十种有关历史文化遗产保护的法令或条款，将规划政策和方案的制订作为历史文化遗产的环境保护和控制的关键环节；使业主们都知道自己“不仅是私有财产的所有者，同时也是国家财产的托管人”。这些法律的解释权在环境部，具体执行在国家环境部和地方规划部门，地方政府在此基础上制定地区法规、保护政策及规划等政策性、指导性的法规文件。此外，环境部规定的五个全国性保护组织一定程度上介入法律保护程序，对有关登录建筑的拆毁、重修或改建等提出意见，作为地方规划当局的决策依据（见表 3）。

表 3　英国历史文化遗产保护法律列表

<table>
<tr><th>颁布时间</th><th>法律名称</th><th>主要内容或贡献</th></tr>
<tr><td>1882 年</td><td>《古迹保护法》</td><td>英国历史文化遗产保护制度的开端。保护对象主要是史前遗迹、古代建筑物等历史遗产，对无人居住的遗构和遗址，国家可收购或由国家监管。</td></tr>
<tr><td>1900 年</td><td>《古迹保护法修正案》</td><td>将保护内容扩大到住宅、庄园等有历史意义的建筑，使 400 项古迹得到保护。</td></tr>
<tr><td>1913 年</td><td>《古建筑加固和改善法》</td><td rowspan="2">使 1 万个私人所有的古迹被编入名单受到法律保护，业主的处置权被限制。</td></tr>
<tr><td>1931 年</td><td>《古建筑加固和改善法修正案》</td></tr>
</table>

续表

颁布时间	法律名称	主要内容或贡献
1933 年	《城市环境法》	将古迹周边 500 米的范围设定为保护区。
1947 年	《城乡规划法》	真正创立了登录建筑保护制度，并将其作为城市规划制度中的一个重要环节。明确规定了城市规划的公共权优先于建筑所有者的财产权，对历史建筑的登录可以不必经过财产所有者同意并设有相应的补偿措施。
1962 年	《城市生活环境质量法》和《地方政府古建筑法》	授权地方政权机构对登录建筑物的维修管理提供资助或贷款。
1967 年	《城市文明法》	首次在法律中确立了保护区的概念。
1968 年	《城乡规划法修正案》	对登录建筑加强法律保护，并授权保护组织参加处置登录建筑拆毁、改建等问题的法律程序，提供咨询参考意见。
1969 年	《住宅法》	确定了巴斯(Bath)等 4 个历史古城为国家重点保护城市。
1974 年	《城市文明法修正案》	将保护区内所有未登录建筑纳入城市规划的控制之下，国家可干涉保护区的划定，加强对被忽视了的登录建筑的保护措施。同时，为欧洲建筑遗产年提供特别资助，英格兰为 18 万英镑。
1990 年	《城乡规划(登录建筑和保护区)法》	进一步明确了登录建筑的定义、法律程序和开发建设、公众参与、产权关系、财政资助等。

总体来说，英国的历史文化遗产保护法律体系比较完善，规定比较详细具体，可操作性强。由于公众对历史文化遗产保护的意识很强、热情很高，英国的历史文化遗产保护不仅受到政府行政管理体系从上到下的支持，也得到了社会公众从下到上的广泛支持，因而取得了很好的效果。

(二)法国历史街区保护立法

作为一个拥有丰富历史遗产、历史风貌保存较好的国家，法国保护历史遗产的意识久远而强烈。1840 年法国颁布的《历史性建筑法案》是世界上第一部关于保护文物的法律。法国向来将历史遗产看作是公共财富，认为对历史遗产破坏或保护不当就是损害公众利益。正如大文豪维克多·雨果说的"建筑由两部分组成，它的用途和它的外表。建筑的用途属于它的主人，而它的外表属于每个人，所以将它拆除的行为是不可饶恕的"[176]。早在 20 世纪以前，法国就采取有效措施保护历史遗产：通过立法防止历史建筑遭受破坏，提出对历史建筑周边环境的保护，规定国家可以公共用途的名义宣布收购属于私人财产的建筑，建立受到保护和国家财政资助的历史建筑名录，并制定了科学而严格的城市规划与管理体系。这些措施使法国的历史文化遗产既得到充分保护、再现风采，又得到充分利用，成为城市发展中不可缺少的一部分，实现了城市的历史风貌与现代文明的完美结合与有机融合，既体现了城市特色，又使古老文明得以传承。

城市赖以发展的基础不仅是指其显赫的历史文化遗产，也指其独特的城市风貌，城市风貌最外在的表现就是城市的外部景观，而建筑则是构成城市外部景观的基本元素。历史街区是集中体现城市独特景观的地区。为了使历史街区的建筑在变迁过程中能够持续体现、保持和发展历史街区的特色，需要城市政府、开发商、业主和市民了解自己拥有的这些遗产和自身的责任[177]。

法国是世界上最早制定文化遗产保护法的国家，法国立法的过程生动地反映出从关注单个的历史建筑到关注整个城市风貌的过程。法国完整的遗产保护体系形成于 20 世纪初。1913 年颁布的《历史建筑保护法》奠定了当代法国遗产保护实践的基础，并一直沿用至今。该法律的核心是“列级的历史建筑（Monuments Historiques Classes）”和“列入补充名单的历史建筑（Monuments Historiques Inscrits）”。1943 年对此法的修改，提出了“历史建筑周边地区（Des Abords des Monuments Historiques）”的概念，每幢登录的历史建筑周边 500 米半径范围内，新建筑都必须由“法国国家建筑师（ABF）”（现称为“国家建筑与规划师”，AUE）进行额外审查。1930 年颁布的《景观地保护法》将保护从单个建筑扩展到整体环境，并将自然景观地及其中的历史性建筑和构筑物，进行列级登录和列入补充名单。

1962 年的《马尔罗法》（Loi Malraux），即《保护区（Secteurs Sauvegardes）法》，建立了保护区（Secteur Sauvegarde）制度，保护区规划（PSMV）从保护角度界定城市要素的可变更性，也包括土地使用的内容，并在保护区范围内代替土地使用规划（POS），是一个将土地利用与遗产保护结合在一起的完整的规划文件。《马尔罗法》第一次使历史文化遗产保护融入城市规划管理，真正将建筑遗产与城市发展结合起来，开辟了法国现代城市规划管理发展的新篇章。正如马尔罗在对国家议会进行的这项法律的陈述中所说，“保留一种城市环境的意义在于保持它的外表，同时让它的内部现代化……这项法律要达到两个看似矛盾的目标，那就是保护建筑历史遗产，并提高法国人民的生活和工作质量”[176]。

1983 年的《地方分权法》将部分中央政府的权利下放给地方，使地方拥有了独立的城市规划与管理的权利，调动了地方政府对城市发展和提升城市形象的积极性，促进了地方政府对保护区建设的关心。因为，城市拥有保护区更能显示其文化含量，有助于树立良好的城市形象，并吸引投资者和旅游者。

正是因为在历史文化遗产保护方面的立法、城市规划编制和管理体系，保证了法国历史文化遗产保护和利用始终沿着规范化的轨道进行，使今天的法国历史风貌独特，成为全球旅游热点，巴黎、波尔多、南特等法国历史性城市受到全球旅游者的青睐，由此带来了丰厚的经济效益和社会效益。法国的立法过程生动地反映出从单纯保护历史性建筑扩展到保护历史街区乃至历史性城市的城市风貌的过程。保护区的建立使将历史文化遗产保护融入城市规划管理，国家和地方共同努力并加上社会和公众的力量，历史街区的保护制度越来越完善。在这个过程中，历史文化遗产得到最大限度的保护，体现出“能保尽保”的特点；建筑遗产与城市发展、居民生活之间联系更加紧密，体现出“在利用中保护、在创新中传承”的精神；促进了历史性城市的特色彰显和持续发展。作为世界上历史文化遗产、历史街区乃至历史性城市得到有效保护、利用和传承的典型，法国历史文化遗产保护和利用的观念得到了公众的支持，也得到了国际社会的认可(见表 4)。

表 4　法国历史文化遗产保护法律列表

颁布时间	法律名称	主要内容或贡献
1840 年	《历史性建筑法案》	世界上第一部关于保护文物的法律。
1913 年	《历史建筑保护法》	提出“列级的历史建筑”和“列入补充名单的历史建筑”。
1930 年	《景观地保护法》	第一个不仅将单幢建筑作为保护对象，同时提出保留和保护“美学的、历史的、风景的或留下传说的”和“留下人类杰出痕迹”的地方的法律。
1943 年	修改《历史建筑保护法》	提出“历史建筑周边地区”的概念。
1962 年	《马尔罗法》 (《保护区法》)	建立了保护区(Secteur Sauvegarde)制度，确定了各种公共和私人角色在保护区中的权利和义务、平衡两者关系，并促进双方共同参与保护区的更新发展。
1983 年	《地方分权法》	将部分中央政府的权利下放给地方，使地方拥有了独立的城市规划与管理的权利，调动了地方政府对城市发展和提升城市形象的积极性，促进了地方政府对保护区建设的关心。

在巴黎市场改建规划中，值得借鉴的是保护性城市设计的运用，在严格的法规控制下，以保护城市历史文化遗产为出发点，适时进行城市环境整治，使得城市景观创造和历史文化遗产保护相互依托，改善城市空间环境质量，增加历史地段的场所归属感和亲切性，从而提升历史地段的文化品位及地区的经济活力。

(三)美国历史街区保护立法

自 20 世纪 60 年代城市复兴运动以来，美国就十分重视历史街区的保护与更新。1966 年的《国家历史保护法》(National Historical Preservation Act)是美国文化遗产保护的主要法律依据。进入 20 世纪 70 年代，保护运动及对旧建筑的再利用俨然成了一股政治压力，在这样的背景下，美国的历史街区保护立法应运而生。

美国对文化遗产实施国家登录制度，即对认定是文物①的历史遗迹进行指定登记，并对文化遗产的价值与意义进行认定，以及对商业性建筑的所有者给予优惠。但是这种登录制度并没有给所登记文物和建筑的利用给予任何条件的限制，登记人对文物具有较大的支配权，可以对建筑物的内部和外部空间进行扩建或改建，这与西欧国家的历史街区保护明显的区别[6]。

1954 年，美国实施新的住房法，一方面加大联邦和地方政府在城市更新中的资金投入力度，另一方面，通过优惠政策吸引和鼓励社会力量参与。为了促进内城复兴，政府针对垄断资本扩张的需求，将大企业的私有资本用于旧城更新改造，弥补了政府资金投入的不足[178]。

“分区(Zoning)”是美国控制土地利用与开发的主要方法和规划技术。运用分区可以对历史街区内的土地利用类型(居住、商业，工业等)、容积率、建筑高度等控制指标划定严格标准。结合城市规划相关法规要求，在分区的基础上还发展了诸如奖励分区、绩效分区、特定分区等新的限定方式，扩展了分区的基本概念。此外，还提出了一些诸如开发权转移、标志法、禁建法、反拆除法、历史

① 文物包括地区、史迹、建筑物、构筑物和构件 5 个类别。

地段法及设计审核等补充性法规，从而使历史街区的保护与开发实现多元控制[179]。

以查尔斯顿案为例。20世纪前期，美国大多数城市都制定了分区条例，在城市历史文化保护方面发挥了重要作用。1931年，查尔斯顿市率先划定了历史街区，通过保护条例，将历史街区保护与城市规划有机结合，创造了查尔斯顿模式，即通过城市规划划定历史街区范围，严格控制街区内建筑的改建和扩建，有效引导和推动了历史街区的保护，城市产业成功转型，刺激城市发展。查尔斯顿市建于1670年，位于美国东南部大西洋沿岸两河交汇处的半岛上，早期城市依托港口发展制造业，后由于产业转移、工业衰退、人口下降，查尔斯顿逐渐衰落。为了促进城市经济的再度繁荣，1931年，市政府在城市规划中将半岛南部的老城区划定为历史街区，出台相应的保护规划条例，将居民意愿、历史街区保护与城市规划有机结合起来。与此同时，市政府还成立了建筑审查委员会和分区调整委员会，负责历史街区建筑和环境变更的审查管理工作。截止到1940年，共有1168栋历史建筑被指定为保护建筑。经过多年努力，查尔斯顿成为美国保存历史文化遗存最好、最完整的历史城市。以优秀的历史文化资源为基础发展旅游业为查尔斯顿带来巨大的社会经济效益，据统计，该市1980—1990年人口增长了15%，而美国同期人口增长才9.8%[180]，很多精英人士和富裕阶级因其具有“富有生气和步行城市”的美誉，纷纷搬到市区居住。查尔斯顿重新焕发了活力，1974年，查尔斯顿市重新编写了城市保护规划，将历史街区扩大3倍，2800栋建筑列入保护名单[181]。

从查尔斯顿的保护发展可以看出，对历史街区的保护更新不仅要通过城市规划明确历史街区在城市发展中的功能定位，而且还要制定相应的保护条例，以此引导和控制历史街区的保护与发展。因此，城市规划与历史街区保护条例相结合成为历史街区保护的强大推动力。

(四)日本历史街区保护立法

日本的历史街区保护经过1868年明治维新以来的探索，尤其是 1950 年制定《文化财①保护法》以后，法规制度体系逐渐完善。[182] 1975 年，日本对《文化财保护法》进行修正，将保护对象范围扩展到历史地段和历史地区。在日本，土地名义上归国家所有，使用权上却高度分散。某个土地所有者占据大块土地、垄断土地市场、左右城市规划、主观进行城市改造的情况很难发生，城市的传统风貌由此得以很好地保留[183]。

日本对传统建筑物群的保护要求必须遵守地方政府制定的保护条例。条例规定，新建、扩建和改建工程，改变建筑物的外观，改变土地利用性质等行为都要经过市(町、村)长和教育委员会的许可，否则不允许施工。日本的历史建筑大多以木结构为主，拆旧建新是日本保护历史建筑的模式，将有价值的传统建筑物拆除后按原样重建，新建筑完全保留旧建筑的风格。如东京的伊势神宫，严格按照 20 年一迁宫的原则，盖新拆旧[183]。改建和新建的建筑物在材料、色彩、组织方式上必须与原有建筑保持一致，不得破坏建筑物群的整体和谐；政府可以对按照传统历史风貌进行修缮、改建、复原等的项目给予补助，必要时政府可以出面收买土地[184]。

日本历史街区实施保护更新的特点是：①追求形似、神似的保护理念，通过材质替换保护旧建筑，促进城市的更新改造和发展活力。②由市民自下而上推动街区的保存制度。这种以居民为主体的保护调动了居民的积极性，不仅主动保存地区的社会价值，而且具有可持续性。当前，日本仍在探索以地方居民为中心，由政府、企业和技术三方共同参与来实现对历史街区的保护目标。③多部门合作。历史街区保护是一个需要多部门协作的综合性工作，需要各职能部门配合，日本的文化厅、环境厅、国土厅、建设省等各部门都制定了相关政策，每个部门都有财政补助项目，目前已经超过 50

---

① 日语的文化财的概念是英文 Cultural Property 的直接引用，包括有形文化财、无形文化财、民俗文化财、纪念物和传统建造物群 5 类。其中，“传统建造物群”是指与周围环境成为一体、构成历史景观的传统建造物群中，具有较高价值者。

种。④地方和国家两级政府对历史街区保护制度的实施与协调。⑤政府以资金补助形式补偿业主的部分费用，以保证历史建筑的维护能继续保持其传统形式，稳固传统社区的生活气息，全面保护历史街区的空间肌理和社会特征[184，185]。

第四节　历史街区保护与再开发的理论借鉴

历史街区的改造与振兴是历史城市旧城区面临的普遍性难题。曾经繁荣的历史街区由于时代变迁、城市扩展、生活方式的改变等多方面原因，已经失去了原有功能，大多处于衰败的处境，甚至已沦为贫民区，成为城市亮丽风景背后惨不忍睹的后台，伴随而来的经常是房屋年久失修、环境脏乱差、犯罪多发，影响城市发展和城市形象。如何使这些仍具有经济、文化、历史价值的街区重新焕发活力，延续历史文化脉络，并为城市发展注入新的活力，西方国家和日本的城市历史街区保护工作经历了长时间的理论和实践探索，形成了比较完整的保护体系，积累了很多成功的经验，中国尽管在制度和经济水平上与其存在一定的差异，但是其历史街区保护的方法经验值得中国借鉴。

有的学者认为，在文化遗产保护制度中，相比于法律制度和行政管理制度，国外的公众参与制度与资金保障制度比较突出，是其文化遗产保护成功的经验之一[186]。有的学者认为，国外历史文化遗产的保护机制中最重要的是合理的投入机制、完善的保护体系、科学的保护理念和完备的法律保障[187]。

一、树立科学的保护理念

代表性国家的案例都表明，正确的保护理念是历史街区有效保护利用的前提。随着全球化、国际化、现代化的进程，面对瞬息万变的经济社会发展形势，人类社会对现有资源重新认识和评估，使文化遗产的内涵和外延不断丰富，更加立足于自然生态环境、历史变迁轨迹和对人的内心世界的尊重。人们认识到，文化遗产始终是一种稀缺资源，其创造、发展、传承或者消亡是一个历史过程。“城市中有着古老的东西，但每年每月都在不断地产生着新的建筑和设施。城市永远处在新旧交替的不断变化之中，是由基本上属于不同时期、不同地区、不同风貌构成的，反映了该地区的历史文化和时代特征”[188]。“文化本身是不断形成的，发展的，动态的，永远在延续、创新的过程中”[188]。同时，认识到保持文化多样性，保护各地各民族文化遗产的独立性、完整性、连续性，是对世界文化的贡献；认识到文化遗产保护是一件保留历史的记忆和认识的必要工具，是国家经济社会发展的根本。人们从丰富的城市文化遗产中可以发现或重新认识共同的根、了解共同的记忆、提高共同的认同观，以及改善生活方式与自然环境之间的关系，提高在建设中尊重传统的意识。

历史街区的保护和建设中经常出现很多误区。一种是“博物馆化”，这种充分利用每一种资源的保守指导思想使城市的历史中心丧失原有功能，成为一种主题公园，甚至沦为露天的商业中心；另一种是“木乃伊化”，只是简单保护历史街区的历史性建筑，只保留外壳却任由内部受到不适应的侵害。这条路只能使历史建筑物变成假的布景。当历史街区和历史建筑已不能通过简单修复恢复其原有状态和作用，在原有建筑外围加盖现代化外墙之类的“舒适化改造”是最蹩脚的。只有在这两种指导思想的边缘地带，才能找到可以融合传统与现代的场所。

在历史街区保护的实践中，各国坚持文化遗产保护优先原则，历史街区与现代城市建设有机结合。一是把保护放在优先考虑的战略地位，将传统街区的保护纳入现代城市空间发展战略中，保护历史街区的历史建筑等文化遗产及其存在的空间环境和社会结构，合理保持历史街区的功能多元化，并随城市发展吸纳新的元素和内容，使历史街区真正融入新的城市肌理中去。二是以提高历史街区整体环境质量为重点，加大街区环境保护力度，使其成为具有多元吸引力的街区，再现传统街区景观意向。三是始终坚持可持续发展的理念，从本国的实际出发，采取措施保护本国的传统文化，将传统的历史文化和时代特征发展有机结合，使其在新的城市化进程中发挥功效[189]。

在旧城保护与城市发展的矛盾中，既不能采取摊大饼式的外延扩张，也不能像威尼斯那样原封不动地完全不发展。只有通过有效分流城市的现代化功能，才能从根本上解决传统风貌保护和现代化城市建设的矛盾。例如，日本建立新宿等副都心、法国建设拉·德方斯新城等，缓解古都风貌保护的压力[183]。

二、建立完善的法律法规体系

从代表性国家的经验中可见，建立完善的法律法规体系是保障历史街区保护实施的必要保障。各国对历史街区的保护均经历了加大立法力度，构建从全国性到地方政府的完整法律法规体系的过程。国家层面的法律法规内容涉及保护区保护和发展的各个方面，地方政府则结合自身特点制定更为详尽深入的法规性文件。德国于1943年立法保护历史建筑周边环境，1962年则进一步制定了历史街区保护的法规[190]。同时，各国形成较为有效的管理与政策法规体系，不仅有完备的立法保护体系，还有完善的法律保护体系和法律监督体系。

在历史街区保护的行政管理体制上，英国采取"自上而下"的垂直管理模式，由国家环境保护部负责有关法规政策的制定，再由地方规划部门具体负责辖区内的法规落实和管理；政府牵头成立一个专门咨询委员会，由社区居民、开发商、文化、市政和康乐社团的代表组成，共同商讨提案，增进各方与政府的沟通。法国采取中央控制的管理模式，地方政府拥有多项权限；国家成立以国家建筑师与规划师为核心的"建筑与遗产服务处"，从专业视角对历史街区保护规划与建设提供帮助与监督。日本采取行政体系分管制，由文化厅和建设省两个相互平行、独立的行政体系分别负责文物、传统建筑群的保护，以及与城市规划相关的内容审定。对地方文化遗产保护的不同内容、不同层次的保护管理只有一个主管部门，其他部门在各自职责范围内协助、监督主管部门工作，地方政府机构还设立审议会，它是一个法定的咨询机构，成员来自各个专业学科的大学教授，也包括美术家及经济界人士等，该机构为政府提供高层次的政策咨询、技术培训，并行使监督职能[191-193]。

三、采取政府主导、公众参与的保护和再开发模式

在国外，公众参与是历史街区规划过程中的重要环节，政府的职能定位是管理者和政策的制定者，而社区居民才是历史街区实施保护更新的主导者。西方国家设立历史街区、制定保护制度以及对保护过程进行监督等工作都是在公众参与下完成的。通过激发社区居民对历史街区保护更新的积极性，使之成为一种持续性的群众运动。没有社区居民的主动保护，历史街区内的生活延续、环境改善就是一句空话，历史街区保护也很难成为一项可持续的工作。在英国，公众参与已成为历史保护区更新不可缺少的环节。一方面，地方当局在指定保护区后，经常通过各种渠道向公众进行宣传，使保护区政策家喻户晓，从而获得广泛有效的支持。另一方面，公众较高的保护意识和主动参与意识也促进了保护区的保护与更新。为保护历史遗产和自己的城市特色，市民自发成立了许多团体。从1877年莫里斯成立的第一个古建筑保护团体到近年来引人注目的成立于1957年的"市民托拉斯(Civic Trust)"，全国大大小小近2000个民间团体在历史遗产保护的不同方面发挥着他们的作用。同时，政府也大力支持市民参与活动，并在政府机关中设立了专门处理保护政策的组织，便于与公众沟通[194]。

政府主导作用除了体现在制定相关法律法规外，也体现在资金投入上。政府对保护区的经济补助起到支撑作用，并形成了合理的投入机制。如法国保护区公共部分由中央政府投资；在日本，中央和地方政府根据保护区的不同层次分担不同比例，如对古都保护法确定的保存地区，中央和地方政府分别承担80%和20%[195]。其次，利用政策驱动私人参与保护是欧洲国家的普遍做法。政府对历史街区的保护都是不以丰厚的经济回报为目的，而是看重历史街区的社会、文化、艺术、科学价值，把它作为人类共有的财产。美国

通过税费激励杠杆带动社会投入。仅2004年，私人投资达38.8亿美元，是联邦政府投入的56倍[196]。由政府对历史街区保护进行投资，说明政府对街区保护的主导，可以增强居民保护街区的动力和信心，并以此带动社会各领域资金进入保护领域，从而解决历史街区保护与土地再开发资金不足的问题。

四、重视城市的持续发展与传统文化的复兴

在21世纪，世界上几乎每一座城市都面临着在已建成的城市中再建设的问题。科学技术的发展和人们需求的变化使城市不断更新成为必然。文化遗产保护不仅是针对具有特别意义的文物建筑，也包括城市的空间肌理，包含着新与旧的和谐。它既是一种使城市平衡、有序、和谐发展的观念，旨在寻找对城市发展具有可利用价值的历史文化资源，也是一种促进城市可持续发展的方法，直接关系到对象是否具有以及有多少可利用价值并且如何利用。文化遗产的可利用性是多元的、多样的、多变的，不仅需要有经济、社会或文化价值，还要有使用、环境等方面的价值，特别是要努力发现它们在现代社会和生活中的意义，并重视由此带来的使用价值。历史街区要摆脱衰败的命运，最重要的是要真正成为现代生活不可缺少的一部分，关键就是如何利用，使其所在城市因具有独特性而产生巨大的吸引力，使街区的每一个角落处处留下历史文化痕迹又处处渗透着现代生活气息[177]。

文化遗产代表着不同历史发展进程的坐标，是一个城市文化生生不息的象征，保护文化遗产就是要保存文化，其根本目的是为了传承文化。因此，合理利用文化遗产，可以避免因闲置而加速损毁，有利于节省能源、保护环境。更重要的是，文化遗产是城市的宝贵财富而不是包袱，只有把它当成文化资源，通过持续性和适应性的合理利用才能证明它们的价值；文化遗产只有融入城市经济社会发展之中才能焕发出生机和活力，才能使人们自觉地投入到文化遗产保护的行列。文化遗产的新功能不论是作为文化设施，还是满足居民和旅游业的需要；对文化遗产的利用不论是内部改造，还是

改建、加建，目的都是为了更好地保护文化遗产，使其重新焕发生命力，重新成为城市的象征，唤起人们对城市的记忆。历史建筑不仅可以为新的城市活动提供场所，满足多元化的现代需要，还可以为旅游业提供新途径，重新成为城市生活不可或缺的一部分。这对于历史街区的保护尤为重要，有利于解决历史街区由于转型带来的功能性衰退，更有利于城市特色的宣示。

作为历史城市的一部分，历史街区及其现存的功能、作用、地位都是经过漫长岁月逐步发展而成的，很多方面已不再适应当前的社会经济环境和城市发展，现在划出的历史街区或传统街坊范围和规模都较小，只是历史演变的缩影而已，局部的和个别的保护措施不易发挥其价值，反而易使历史街区的整体环境被零星无序的改造和开发所蚕食[189]。因此，历史街区在城市发展的进程中，不仅要加大基础设施配套建设并着力改善外部环境，更要注重街区的功能转换和提升，以适应城市发展，并为历史街区经济发展提供良好的平台；还要重视非物质文化遗产的保护和延续，通过市民参与引发对诸如潜藏在市民生活中的价值观念、审美情趣、思维方式等社会心理层面的无形文化的保护。历史街区多元化是多种文化交流的历史见证，通过对这些文化现象所依存的物质空间和历史环境的保护，对共有地域特色文化的挖掘利用，使历史文化信息得以保护与延续，传统文化得以继承与延续。

国外历史街区保护更新的共同经验还在于，充分挖掘历史文化街区的价值，在历史文化与现代文明之间寻找交点，为城市发展增加历史底蕴和文化内涵，并使其产生经济效益，突出文化休闲、商业游憩等综合性功能，从而推动历史文化街区的复兴。同时，对这些地区的改造与利用，经常会涉及大量违章建筑和危旧房的拆除，需要对整个地区进行彻底整治，重新规划。除了需要资金的投入、合适的规划以外，更需要在新建成的居住区保留低收入阶层的原居民，只有这样才能使这些旧城中心的居民区的文化历史特性得以保留和体现，为此，需要政府的政策支持。

城市更新不只是一种城市建设的技术手段，或是房地产开发为主导的经济行为，城市复兴应该是社区复兴而不是房地产的发展与物质环境的改善，城市更新具有深刻的社会和人文内涵，要强调本地社区的参与，注重经济、社会和环境等多目标的综合性更新，不能忽视社区利益、失却人文关怀、离散社会脉络。城市规划要以需求为导向，而不能以投资为导向，确保社区利益不为商业利益所吞没；城市更新模式以市场为导向、以建筑遗产再利用为核心、小而灵活；既注重传统文化的保护并妥善利用，又以文化创意产业的发展作为转型期振兴经济、创新城市品牌、提高城市竞争力的重要战略[149，197]。

第三章

北京旧城土地再开发的历史述评

北京拥有3000多年的建城史和850余年的建都史，文物和非物质文化遗产极为丰富，古都风貌保留较完整。北京旧城[①]是历史文化名城保护的重点地区，旧城内大量的民居四合院，与故都皇宫建筑、庙宇寺观，共同构成了北京独特的历史风貌，直观地反映了古都的历史变迁，见证了曾经的繁华和原住民的生活。北京历史文化名城的称呼当之无愧，也意味着历史文化名城保护的任务相当艰巨。

中国的历史街区保护思想可以追溯到新中国成立初期著名的“梁陈方案”，即首都行政中心是在旧城的基础上予以发展，还是在西郊另建行政中心？尽管基于当时的条件限制，最终行政中心建在旧城基础之上，仍在某些程度上让各界人士接触到了历史街区保护的相关理念和思想。但是，历史街区保护理念的确立是在20世纪90年代，对历史街区保护理念的落实并以此指导实践已是21世纪初的事了。中国历史街区保护理论的发展立足于早期对文物保护的认识，以及历史文化名城认定工作的推进。从20世纪80年代开始，中国对历史街区保护的相关概念、理念和法律规定逐步完善和提升。与此同时，改革开放以来大规模的危旧房改造运动给历史街区造成了不可挽回的巨大损失。可以说，近30年来，历史街区的

① 北京旧城中，长安街以北，原东城区、西城区的胡同、四合院，是按照元朝建都时规划的，规制较为完整。除了民居以外，还有大量王府、官衙建筑。长安街以南，原崇文区、宣武区的胡同、四合院是清初满汉分住形成的，大多依势而建，面积较小，不甚规整。除了民居以外，原崇文区的手工业、原宣武区的会馆比较集中。

破坏和保护相互交织、相伴而行。

第一节　旧城改造的背景

一、北京旧城大杂院的形成

明清北京城是在辽、金、元时期北京城的基础上发展起来的，城市的基本格局和街道布局变化不大，是中国古代都市建筑的杰作，在世界城市规划建设史上也占据着极其显赫的地位。丹麦著名的城市规划大师S.E.瑞思穆森曾称赞："整个北京城的平面设计匀称而明朗，是世界的奇观之一，是一个卓越的纪念物，是一个伟大文明的顶峰。"美国现代城市规划、城市设计专家E.N.培根也认为："在地球表面上人类最伟大的作品，也许就是北京城了。"[198]

虽然经历了元、明、清三个朝代，北京这座历史古城的街道仍然是元大都定下的九经九纬纵横18条道路，胡同也没有变。作为一条通行的道路，很多胡同元代就有，如最古老的砖塔胡同，至今已有七百多年的历史了，这可以从元人李好古的杂剧《张生煮海》中找到佐证。再如南锣鼓巷，其鱼骨刺一样的格局是元代遗留下来的。从散见于历史文献中的统计数字中可见，元大都城内的胡同当时有文献记载是410条，明代有记载是460条，清代已达970条，民国时期北京城的街巷胡同（不含小胡同）共计3200余条①。1949年有人统计，北京大大小小的胡同是7000多条[199]。

四合院作为北京传统民居样式，一直以来是以家族为单位组织居住的：从契丹贵族到蒙古贵族，再到明朝官吏和富商大贾，又到清代贵族和八旗兵吏。民国以后，北京内城演变为满汉杂居、官民杂居，一些四合院不再是单一的家庭，但很少会超过3家。1949年前，北京四合院约有房屋120万间，其中92万间的产权是私人拥有，公房多被机关、学校和军队占用。据统计，1949年，北京市

① ［日］多田贞一：《北京地名志》，1944年。

各类房屋建筑面积2050万平方米，其中住宅1354万平方米，住宅中平房和四合院1272万平方米，占93.94%；楼房不到6%，多为木结构二层中式楼房，平均楼层1.06层。这些中式楼房和平房、四合院多建于晚清和民国时代，明朝的四合院已经所存无多。新中国成立后，北京旧城的四合院大部分仍然承担着居住功能，但四合院的居住格局逐渐改变。

首先是通过对内城置有房产的旧官吏、军警宪特、地主老财以及反动资本家没收房产，大批公职人员补充进来组成新的北京四合院居住群体，而高端四合院基本被机关和知名人士使用。如史家胡同51号原为私产，曾经是《大公报》在北京的办事处，充公后分配给民主人士章士钊居住[199]。随着这些机构自身的发展，院内的旧建筑被拆除，许多遗迹无存。

其次，根据“变消费城市为生产城市”的首都经济发展指导方针，南城出现了大量工业用地，北城的行政办公用地之间也有零星分布。大量外地劳动力来到北京支援首都经济建设。四合院的公有化尝试，部分解决了北京建设者的住房困难，这样，一个四合院里就住进了七八户，十来户，甚至几十户。随后，由于人口持续增长与住房存量不变的矛盾日益突出，四合院内大房间里打隔断成了暂时的解决之道：北房、耳房、门房，一切稍微大一些的房间都被隔开了。1962年以后，为解决职工的住房困难，内城一些财大气粗的单位，开始学习城外企事业单位的做法，自己出资建设楼房：拆掉本单位职工住的四合院，盖五六层高的长方形的红砖楼房。由于当时内城并没有统一规划，四合院拆除也没有法规条文和专门机构，企事业单位拆除四合院和自己建楼均无须报批，即使报批也很容易通过。现在，这些楼房仍零散分布在青砖灰脊的四合院群中，显得十分突兀和不协调。

由于“文革”十年城市基本没有搞住房建设，而新中国成立后婴儿出生高峰的青年已到了婚育期，加上大量回城知青，人口和居住之间的矛盾十分严重，到了“文化大革命”末期，北京旧城的住房问题变得比之前任何时候都紧迫。1974年以后，各单位大量自建住宅，发展“自建房”①。此外，政府还直接出资对四合院实行“接、推、扩”工程②，通过各区房管局，由各房管所统一购买建材，组织专业施工队为四合院内住户搭建自建房。于是，北京四合院内的自建房就如雨后春笋般地起来了。仅1980年，北京市就拨款400万元，用于四合院里的“接、推、扩”工程。到1983年年底，北京市在城区范围内共“接、推、扩”自建房1.7万间，增加住房面积16万平方米[199]。“接、推、扩”工程确实缓解了市民尤其是回城知青的住房困难，使他们有了“立锥之地”。但是，这大大增加了四合院的居民密度、降低了生活质量，成为邻里失和、纠纷的最大根源，而且，这些自建房没有统一建造标准，房屋样式五花八门，大小不一、形状各异、土头土脑，完全破坏了四合院的美感，曾经宽敞明亮、鸟语花香的四合院逐渐蜕变成凌乱的大杂院，破坏了古都风貌（见图2、图3）。

图2　北京旧城摇摇欲坠的简易楼

图3　北京旧城居民大杂院一角

二、历史街区保护尚未受到重视

新中国成立以后，首都行政中心定在旧城的基础上发展。根据

① “自建房”：就是在四合院里见缝插针地盖小房，未经房管部门批准，自己找建筑材料，自己动手。各企事业单位对本单位职工在本院自建房持支持态度，房管部门则放任不管。

② “接、推、扩”工程：即把四合院内的正规房屋接出一部分、推出一部分、扩大一部分，以增加住房面积。

城市建设的需要，拆除了北京旧城的城墙，东四、西四牌坊等，旧城格局随之改变。在“文化大革命”中，很多重要文物作为“四旧”被破坏；四合院内的影壁、门墙上的砖雕等作为封建残余而被加以毁坏；城墙、文物建筑的外墙成为自建房的墙壁。四合院由于年久失修，危旧房增多，百姓住房困难加剧。各自为政的分散式新建房屋缺少整体规划和规范，与古都风貌不相符。

虽说新中国成立初期著名的“梁陈方案”在某些程度上让各界人士接触到了历史街区保护的相关理念和思想，但是，这个阶段保护历史街区和历史文化遗存的思想尚在萌芽状态，历史文化遗产保护尚未受到重视。

第二节　大规模危改中的历史街区保护

北京旧城大规模的危旧房改造从 1990 年开始到 2003 年结束，根据其主要内容、运营模式以及历史街区保护的特点，历史街区保护也经历了概念提出、理念确立和落实的发展过程，大致可以分为以下三个阶段。

一、分散试点危改与历史街区概念的提出（改革开放初期—20 世纪 80 年代末）

改革开放初期，城市建设百废待兴，但居民住房困难十分严重，旧城平方四合院房屋破旧，居住条件恶劣，亟待改善。

（一）政府推动模式

20 世纪 70 年代末到 80 年代中期的危改主要集中在前三门和官园等地区。前三门地区新建的 37 座塔楼不仅全部容纳了 1000 多户平房里的居民，还安置了很多北京市和各区县的劳动模范，少量民主人士和领导干部，总安置户数接近 7000 户。作为市内首批成片的高楼，这些高楼成为当时北京的亮点和标志性建筑，上过很多报纸和杂志的封面。这一时期的危改主要是针对当时最破旧的房屋进行紧急救治式的改造，项目以政府推动为主，强调社会利益，居民大多数可以回迁，单位和居民都比较支持。基本的运作模式是：政府承担全部工程，改造后的住房无偿分配给原居民，如前三门地区平房改造的原则是“统一规划，统一设计，统一投资、统一建设、统一分配、统一管理”。居民对这种模式比较满意，但因地方财政负担沉重而无法持续。

20 世纪 80 年代末，配合国家住房制度改革，北京市曾多次尝试过不同形式的“危房改造”，先后启动了西城区小后仓、东城区菊儿胡同[①]等 4 个危改试点项目。该阶段试点中，采用“政府、单位和个人三结合”的方式，政府大幅度减少资金的直接投入，而通过无偿划拨危改建设用地并减免税收的方式提供支持，职工所在单位提供周转置换房源或给予职工一定的资金支持，居民缴纳租赁保证金或以优惠价格购买新住房，负责改造的政府下属建设部门通过出售余房来弥补建设资金的差额。试点项目经过政府、专家、居民的共同努力，注重保留历史风貌，取得了较好的社会反响，北京菊儿胡同 41 号院危改试点工程获得了联合国 1992 年世界人居奖、亚洲建筑师协会金质奖。吴良镛先生还提出了“有机更新”理论，这种小规模逐院更新的方法成为北京旧城保护更新的一种方式，对于指导旧城保护和更新有着重要意义。

(二)历史街区概念的提出

这一时期，中国制定了相关的保护法律法规，如 1982 年颁布了《中华人民共和国文物保护法》；同年，国务院公布了第一批国家历史文化名城名单，以此作为全面保护的工作契机，在全国营造保

---

① 菊儿胡同项目是东城区第一批危旧房改造试点区，由吴良镛教授主持，清华大学建筑学院和建筑设计研究院设计。第一期工程含 41 号、43 号等 7 个院落，建筑面积 1085 平方米，居民 44 户，人均 5.3 平方米，最困难户人均仅 2.5 平方米。64 间房屋中院内低洼积水和 3、4 类破旧危房占 90.3%。该工程于 1989 年 10 月开工，1990 年 7 月竣工。改建后的 2—3 层楼房四合院共有新居房屋 46 套 2760 平方米，人均 12.4 平方米。《北京百科全书》编委会编：《北京百科全书·东城卷》，北京：奥林匹克出版社、北京出版社，2001 年，第 203 页。

护的理念，起到教育和指导性作用。1985 年 5 月，建设部城市规划司建议设立“历史性传统街区”，国务院采纳了这个建议，并明确地将“具有一定的代表城市传统风貌的街区”作为一项历史文化名城的核定标准，标志着政府对历史街区保护政策的确认[32]。

北京历史街区保护是与中国历史街区保护思想形成和发展合拍的。改革开放以来，旧城改造和旧城保护一直是国家和北京各级政府，也是老百姓最为关注的问题。1982 年，北京被列为国务院公布的首批历史文化名城名单；1983 年，中共中央、国务院发布《关于对北京城市建设总体规划方案的批复》，明确提出北京是政治中心和文化中心的定位，要严格控制人口规模和工业建设规模，不要再发展重工业；作为首都和历史文化名城，要反映独特风貌，保护文物和历史建筑遗址，并明确提出要逐步、成片改造北京旧城。①

这个阶段，以各级文物保护单位为中心的单一的文物保护体系已经确立，法律法规侧重于重点文物保护单位的实体环境保护和修复，主要是关注某些具有重大历史、文化、艺术价值的单体建筑和遗迹，对继承较完整历史文脉的整体街区环境考虑得很少，对历史街区的整体风貌和空间格局保护没有涉及，保护历史街区和历史文化遗存的思想还不成熟，导致历史街区的整体保护得不到重视而遭受破坏。但由于危改只限于小范围试点，波及面不大，历史街区破坏的损失暂时被住房条件改善的喜悦所掩盖。

二、成片改造与历史街区理念的形成(20 世纪 90 年代)

据 1990 年全市危旧房调查结果，仅原东城区就有危旧房改造

---

① 相关论述为：“城乡经济的繁荣和发展要服从和服务于北京作为全国的政治中心和文化中心的要求”，“工业建设的规模要严加控制……不要再发展重工业”；“严格控制人口规模”。“四、北京是我国的首都，又是历史文化名城，北京的规划和建设要反映出中华民族的历史文化、革命传统和社会主义国家首都的独特风貌。对珍贵的革命史迹、历史文物、古建筑和具有重要意义的古建筑遗址，要妥善保护。在其周围地区内，建筑物的体量、风格必须与之相协调。要逐步地、成片地改造北京旧城。……”

区 41 片 379.69 公顷，涉及居民 5.4 万户 20.5 万人、房屋 15.7 万间建筑面积 233.8 万平方米，占全区面积的 14.94%、居民户数的 24.1%[200]。北京旧城危房区居民的住房困难和安全问题长期得不到解决，不少四合院变成了大杂院，住房成了“十无户”①，群众反映越来越强烈。危改进展缓慢严重影响了旧城的基础设施建设，也严重影响了古都北京的风貌和城市景观，进一步危改已迫在眉睫。

(一)以开发带危改模式

1990 年 4 月 30 日，北京市政府召开第 8 次市政府常务会议，决定在全市范围内实施较大规模的“危旧房改造”计划，确定了“一个转移、一个为主、四个结合”的危改方针②；成立了危旧房改造领导小组，由主管城市建设的副市长负责，在市、区(县)两级设立“危改办”；下发了《关于危旧房改造现场办公会会议纪要》(京政办发[1991]第 19 号)。以此为标志，北京大规模危旧房屋改造拉开了序幕。

1991 年年底，全市共确定危改区③ 120 片，第一批危改区中有 27 片正式开工。据北京市建委统计，从 1990 年到 1999 年，北京市共有 333 片纳入危改范围的项目，开工改造危改小区 150 片、竣工面积 1236 万平方米、拆除危旧房屋 436 万平方米，动迁居民 16 万户，完成投资 392 亿元(见图 4)。

政策成为影响该阶段危改进程的主要因素。从国家整体大环境来看，1990 年《城镇国有土地使用权出让和转让暂行条例》出台，城市土地经历了从无偿划拨到有偿使用的历史性改变；1992 年中共十四大确立了社会主义市场经济体系的改革目标，表明计划经济

① 即：不符合小康水平的居住要求，无上水、无下水、无燃气、无暖气、无厨房、无卫生间、无阳台、无壁橱、无自行车棚、无绿地。

② “一个转移”即从新区转移到旧城；“一个为主”即以区县政府为主；“四个结合”即危旧房改造与新区开发结合，与住房制度改革相结合，与房地产经营相结合，与保护古都风貌相结合。

③ 据北京市建委 1990 年北京市的危房调查，划定了 4 城区和朝阳、海淀、丰台 3 个近郊区在内的集中成片的危旧房区 202 片，涉及居民 24.5 万户，其中 3—5 类房屋建筑面积 762 万平方米。

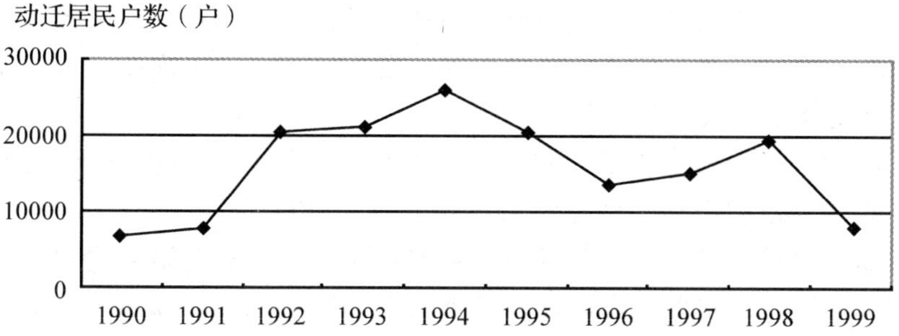

图 4　1990—1999 年北京市危改居民动迁量示意图

资料来源：北京市住房保障办公室、古都风貌保护和危旧房改造处：《历史风貌保护与城市现代化——旧城改造中的难点问题》，2010 年。

体制的方式已经不能适应新形势的需要；1994 年分税制的实施明显增强了地方政府在城市发展中的作用和地位。从北京市的具体情况看，1992 年 6 月北京市房地产市场的正式启动和 1993 年北京市国有土地有偿使用的政策①的实行催生了房地产业的蓬勃发展，旧城土地价值凸显使旧城危改项目潜在的巨大经济利益成为房地产商竞相追逐的目标；1994 年 6 月，北京市危改项目审批权的下放使区政府危改积极性和主动性大大增强，旧城改造规模急剧扩大，从分散的点片改造进入成片的大规模改造，二者共同推动了 1994—1995 年危改高潮。1994 年和 1995 年，年拆除危旧房 2.6 万户，约 75 万

① 1982 年的《宪法》规定城市土地属于国家所有。1986 年国务院颁布的《土地管理法》提出对城乡土地集中统一管理。1988 年年底，第七届全国人大常委《关于修改〈中华人民共和国土地管理法〉的决定》提出了国有土地和集体所有土地的使用权可以依法转让，国家依法实行国有土地有偿使用制度。1990 年 5 月 19 日国务院令第 55 号发布实施《中华人民共和国城镇国有土地使用权出让和转让暂行条例》。1992 年 6 月，《北京市实施〈中华人民共和国城镇国有土地使用权出让和转让暂行条例〉》（1992 年 5 月 27 日北京市人民政府第 11 号令）的正式实施，标志着北京房地产市场的正式启动。1993 年 7 月 6 日北京市发布了《北京市出让国有土地使用权基准地价的通知》（京政发[1993]34 号），国有土地有偿使用的政策进入可操作阶段。

平方米。城市以经济发展为中心，建设量大增，建筑高度失控，金融街、东方广场、崇文门新世界等巨型建筑综合区出现在旧城，而牛街等历史文化保护区被整体拆除。20 世纪 90 年代末大规模危改低谷的产生原因主要是国家针对房地产过热实行了“适度从紧”的宏观经济政策和亚洲金融危机的影响，加上 1998 年全国范围内的住房制度改革终结了福利住房分配制度，使商品住宅市场集团购买退出。同时，随着危改逐渐进入较难改造的旧城核心区域，危改中积累的文物保护、拆迁安置等一些问题逐渐暴露出来，以房地产经营开发带危改的进程明显缓慢，1999 年仅拆迁 8000 余户，相当于 1990 年危改起步时的水平①[119，120]。

该阶段以开发带危改的运作模式主要是：以房地产开发带动危旧房屋改造，实施主体以房地产开发企业为主；采取“推平头”的方式，规模较大，从“成片”改造向以“街”带“片”整体改造发展；地段主要集中在二环附近市政条件较好的地区。在这种推平头式的商业开发带动危改的模式中，开发商受利益驱动，选中的都是适于商业开发的黄金地段，大片四合院被拆除，取而代之的是一个个庞大的商业楼盘。而一些人口密度大、危房比例高、市政设施差、真正需要改造的地区，由于拆迁成本高、资金平衡难、开发收益低而长期得不到改造，有的立项 10 年也得不到落实，导致政府的旧城危改计划难以实现。旧城已开发地段原有的胡同肌理、城市传统风貌荡然无存。

(二)历史街区保护理念的形成

在上个阶段的基础上，《城市规划法》从 1990 年 4 月开始实施，要求编制城市规划应当保护历史文化遗产、城市传统风貌、地方特色和自然景观。《文物保护法细则》于 1992 年颁布，文物单位的保护制度和法规的运行初见成效。1997 年 8 月，建设部转发了《黄山市屯溪老街历史文化保护区保护管理暂行办法》，明确指出了“历史

① 北京市住房保障办公室、古都风貌保护和危旧房改造处：《历史风貌保护与城市现代化——旧城改造中的难点问题》，2010 年。

文化保护区是中国文化遗产的重要组成部分，是保护单体文物、历史文化保护区、历史文化名城这一完整体系中不可缺少的一个层次，也是中国历史文化名城保护的重点之一”。由此，中国的历史文化保护区保护制度较完善地建立起来，从历史文物、历史文化名城以及历史文化保护区三个不同层面进行完整的保护。

20 世纪 90 年代也是北京历史街区保护迅速发展的时期。1990 年，北京市政府确定 25 片历史文化保护区名称。1993 年，国务院批准的《北京城市总体规划(1991 年至 2010 年)》①在“历史文化名城的保护与发展”中，初步给出了历史文化保护区的定义，指出它是历史文化名城的重要组成部分，要求对已确定的 25 处第一批市级历史文化保护区逐个划定范围，具体确定其保护和整治的内容和目标，并要求保护区内新建筑要与原有风貌协调一致。国务院批复②也明确指出“要在现有基础上继续明确划定历史文化保护区的范围……制定保护管理办法”。1999 年，《北京旧城历史文化保护区保护和控制范围规划》确定了保护区的核心保护区和建设控制区的范围，使历史街区从名称落到实处。

这一阶段，虽然中国已拥有相对完善的文物保护法规和较全面

---

① 相关论述为：“历史文化保护区是具有某一历史时期的传统风貌、民族地方特色的街区、建设群、小镇、村寨等，是历史文化名城的重要组成部分。北京市已确定的国子监街、南锣鼓巷、西四北、什刹海、陟山门街、牛街、琉璃厂、大栅栏、景山前街、景山后街、景山东西街、南北长街、南北池子、东交民巷等 25 处第一批市级历史文化保护区，要逐个划定范围，具体确定其保护和整治目标。保护区内新建筑的形式和色彩，要与该区原有风貌协调一致，与之不协调的建筑物和其他设施要加以改造。”

② 相关论述为：“六、《总体规划》确定的保护古都风貌的原则、措施和内容是可行的，必须认真贯彻执行。北京是著名的古都，是国家历史文化名城，城市的规划、建设和发展，必须保护古都的历史文化传统和整体格局，体现民族传统、地方特色、时代精神的有机结合，努力提高规划和设计水平，塑造伟大祖国首都的美好形象。要在现有基础上继续明确划定历史文化保护区的范围，划定文物保护单位的保护范围和建设控制地带范围，制定保护管理办法。”

管理模式。但现实中，历史街区的破坏现象依然普遍存在，有法不依、规划失控的情况依然存在。旧城改造继续威胁着历史街区的生存。另外，由于保护文化名城风貌的僵硬管理方式，划定保护范围过大和对文化继承与建筑形式关系的误解，如大屋顶、仿唐风的出现，形成对真正传统文化的间接破坏[201]。

三、整体推进式改造与历史街区保护的兴起

据房管部门调查①，到2000年年初，全市还有164片、303万平方米危房严重破损，却居住着35万户居民。针对前阶段存在的问题，为了满足危改区居民改善居住条件的愿望，又减轻原有拆迁安置政策既解危又解困、建设拆迁费用过大引起的资金困难，北京市在回迁以外，出台了货币补偿(安置)的办法。政策推动成为危房改造的加速器，从此，北京市平房区的危房改造和房地产工作走上了快车道。

(一)房改带危改模式

2000年3月，北京市政府以19号文发布了《关于加快城市危旧房改造实施办法(试行)》②(京政办发[2000]19号文件)，提出了“房改带危改”的新方式，并在原崇文、原宣武、丰台3个区5个危改片进行试点。这一年，仅三区五片就拆除危旧房13233户，约37.59万平方米。金鱼池小区、天桥小区的危改被认为是19号文件实施的代表工程，后者一次启动了7000户平房四合院居民的拆迁改造。

该阶段运作的主导模式是房改带危改，辅之以开发、市政、文物保护带危改，以及对直管公房的维修或翻建，组织住宅合作社进

① 北京市住房保障办公室、古都风貌保护和危旧房改造处：《历史风貌保护与城市现代化—旧城改造中的难点问题》，2010年。

② 该文件的主要精神是：区政府为主组织实施，解危适度解困，回迁房土地按照划拨方式，产权按照经济适用住房产权管理，政府减免相关税费，专业公司支持大市政投资，居民按房改成本价和经济适用住房价格购房。被认为是探索出的一条危改新思路。居民由被动等待角色，转变为在政府组织下自己参与决策。

行危改等。房改带危改模式将货币补偿和住房制度改革捆绑在一起，拆迁安置多样化：异地安置、拆迁补助和回迁，居民有了更多的选择。注意发动各方面力量，分散了资金压力：市政配套费用由政府承担；开发企业享受免除土地出让金、市政费及相关费税等经济适用房的待遇；拆房建房费用由居民承担，居民回迁享受国家优惠政策。此阶段开始注意到文物保护。2001—2004 年，全市危改动迁居民 24.3 万户，比 1990—1999 年十年 15 万户的总和还多；仅 2001 年，城八区①动迁居民 9.3 万户。但是，该模式在开发商进行市场运作时，采取的是整体推进式拆迁(俗称“推平头”)拆旧建新，对古都风貌保护造成很大影响，被拆掉的除了大量的危房，还有很多很好的四合院和其他建筑。当时北新仓胡同、海运仓胡同、南门仓胡同、北门仓胡同等都是清朝官仓所在地，海运仓就有 6 座历史悠久的皇家粮仓被拆掉。2000 年，原东城区一年的拆迁量，是过去 10 年拆迁总量的 2 倍多。旧城区人口密度仍然居高不下。北京实施大规模旧城改造时，胡同以每年 600 条的速度在消失。开发商拆迁一般是以胡同划分的从一条或几条到几十条甚至上百条胡同不等。2003 年，道路宽度在 20 米以下的胡同街巷仅剩 1600 条，仅为 1949 年 3050 条的一半，1990 年以来的大规模危改时期，近千条胡同被拆除。保留着历史信息的建筑总量已不足 1949 年(共有建筑约 2000 万平方米，其中平房四合院 1300 万平方米)的四分之一，拆除的部分很多是价值较高的房屋和院落。

为了抵消大规模拆除四合院对北京旧城历史风貌产生的负面影响，北京市规划部门决定所有居民回迁楼的外墙为灰色调，楼顶为起脊的尖顶覆盖着青瓦，并建设一定规模的围合式四合院楼群；所有胡同保留原有名称，以保持历史的延续性。2002 年陆续建成的天桥、金鱼池、建国门、朝阳门南北小街、海运仓等都是这种古色古香的“四合楼”楼群。其中，海运仓被当时媒体称为“北京内城最大的一片危改小区”，创造了很多第一：一次启动户数最多(1.9 万

① 2010 年 7 月北京行政区划调整后为“城六区”。

户)、一次拆迁面积最大、一次回迁安置户数最多、“四合楼”建设规模最大。“四合楼”曾被认为是继菊儿胡同“类四合院”之后又一次大胆的探索，造价低廉、承载户数多，更易于大面积推广，为四合院平房区的改造提供了样板，曾经被许多小区效仿，引得媒体广泛报道、各处前来取经。但随后，“四合楼”的尝试遭到了专家们的强烈质疑，认为这种“四合楼”与传统意义上的四合院区别很大，如果在北京全面推开，历史文化名城可能就变成仿古新城了。专家们希望仍保持四合院原有的格局，修旧如旧。迫于各方面的巨大压力，北京市政府有关部门，在海运仓、东四、南池子“四合楼”居民回迁后，停止了“四合楼”的建设，也停止了由开发商主导的四合院危旧房改造。北京大规模的旧城改造到此结束。

(二)案例：南池子“四合楼”工程

南池子历史文化保护区的修缮与改建是历史文化保护区首次实施保护与更新的试点工程。南池子位于北京皇城东南部，属于世界文化遗产故宫的缓冲区，也属于北京市第一批历史文化保护区。该项目 2002 年 5 月开始动迁，同年 8 月动工，2003 年 8 月居民开始回迁。项目占地 6.39 公顷，涉及 240 个四合院 2358 间房屋 3.27 万平方米建筑面积，以及 1076 户居民 3038 人。融资模式上，修缮与改建采取土地功能调整、房改带危改、控制建设成本、政府投入部分资金等方式进行资金平衡，总项目费用 3 亿元，其中政府直接投入 5200 万元。改造前，该地区危房达 90%以上，建成后的南池子“四合楼”是一个由 2 层小楼围合而成的改良四合院。此外，腾退和修复了普度寺大殿①，还建了一些高端四合院：院内原有平房推倒重来，保持原来格局，但引入上下水、煤气等基础设施管线，配

① 普度寺，始建于明永乐年间，后为清睿亲王府，康熙三十五年(1694 年)改为藏传佛教寺院“玛哈噶喇庙”，乾隆四十年(1755 年)乾隆赐名“普度寺”。现仅存大殿(曾为南池子小学使用)和山门。为北京市文物保护单位。(北京市东城区文化文物局编：《北京市东城区文化文物志》，2000 年，第 291 页)

套卫生间、厕所、暖气设施，甚至建了地下车库和游泳池。改建后居民户均建筑面积由 26.84 平方米提高到 69 平方米。就地回迁安置居民 290 户；定向安置居民 194 户；异地安置居民 46 户；货币安置居民 461 户；单位及商户 42 户[122]。改造后的南池子街景见图 5，用地构成图见表 5。

表 5　改造后的南池子的用地构成

项目	数量	建筑面积（平方米）	占地面积（公顷）	占地面积比例(%)
新建回迁居民楼	78 栋	21200	2.10	32.86
新建四合院	17 处	6900	1.06	16.59
商业回迁楼		5600	0.16	2.50
保留院落	31 处		1.02	15.96
保留普度寺古建筑			1.00	15.65
其他			1.05	16.43
保留胡同格局	9 条			

南池子的“四合楼”尝试在社会各界引起了强烈反响。参与的专家认为南池子工程保存了有价值的历史遗迹(如普度寺内单位居民的清退和完整保护修复)，延续了真实的历史信息(如街巷肌理、地段的居住功能和邻里模式的保存)，改善了居民生活质量(改造了不成格局的低矮平房、危房)，达到了保护的目标[121]，虽然不是“唯一的选择”，至少是“一个合理的选择”。设计方也曾与政府在设计过程中，就历史居住区的定位、基础设施以及资金平衡等有过分歧[202]。有学者认为南池子工程实质上反映了风貌特色和功能空间的传统与现代形式之争、建筑形制的标准化与“因地制宜”之争等国内当时代表性的理论争辩焦点[203]。一些文保专家①认为这不是原汁原味的北京传统四合院，尤其是对于南池子建设高档四合院，附

① 2004 年 7 月 4 日，徐苹芳、梁从诫等专家致信第 28 届世界遗产大会、联合国教科文组织世界遗产委员会，呼吁停止对北京古城的拆除、破坏，关注世界文化遗产北京紫禁城周边环境的保护，重点提到了对南池子改造的反对意见。

带游泳池等奢侈设施强烈反对，认为这破坏了南池子地区的历史风貌。联合国遗产委员会对在世界文化遗产故宫的缓冲区内采取这样的改造方法表示担心，认为北京不能以“推平头”的方式进行危改，南池子传统居住区的更新是一项长期的工作，需要一种长期的管理方式；世界遗产周边历史环境和保护区外传统街区的保护应给予立法保证；希望中国政府保护好传统的城市肌理，如故宫、天坛周边历史环境，并在技术、管理及保护方式等方面进一步完善。2004年，北京市政府向联合国教科文组织世界遗产中心（WHC）郑重承诺“整体保护北京旧城”[118]。

专家们对南池子改造工程的争辩引发了社会舆论的强烈关注和对多年来旧城改造的反思：认为工程在改善居民生活、恢复文物建筑及其环境方面做出了努力，但对于四合院和胡同如何保护、“推平头”的改建方式、保护区内新要素的插入、对世界文化遗产故宫历史环境的影响等方面引发了巨大争议。社会公众在对历史街区的认识（是珍贵的文化财富还是城市现代化建设的包袱）、改造方法策略（整治修缮还是拆除改造，渐进式逐步推进还是全面实施一次到位）、政府作用（政府作为公益事业投入为主还是由投资公司操作）、公众参与（实施主体、获益者、资金投入者，如何保证低收入人群的利益）等方面有不同见解。可以说，正是因为南池子工程引发如此多的巨大争议才引起了国内外的广泛关注和决策层的重视，直接导致了北京旧城大规模危改的结束。

图 5　改造后的南池子“四合楼”

（从左到右）：故宫背景、王府井大街背景、普度寺大殿及广场、四合楼院内

(三)历史街区保护的兴起

2002 年，《中华人民共和国文物保护法》修订版将历史街区纳

入不可移动的文物范畴，规定其为“保存文物特别丰富并且具有重大历史价值或者革命纪念意义的城镇、街区、村庄，由省、自治区、直辖市人民政府核定公布为历史文化街区村镇，并报国务院等”。2003 年 12 月 17 日，建设部发布了《城市紫线管理办法》，提出城市紫线“是指国家历史文化名城和省、自治区、直辖市人民政府公布的历史街区的保护范围界线，以及历史街区外经县级以上人民政府公布保护的历史建筑的保护范围界线”，这是中国第一个针对“城市历史文化街区和历史建筑的保护”的法令性文件[204]。

21 世纪初，北京的历史街区保护进入全面提升阶段。2001 年 12 月，北京市政府正式批准了《北京市“十五”期间历史文化名城保护工作发展规划》，规划提出了保护工作的指导思想、5 项保护原则、8 项主要任务和 5 项保障措施，指出要坚持对历史文化保护区采取保护原状与有机更新相结合的原则，保护历史文化保护区并加强危旧房改造中的名城保护工作。2002 年 4 月，《北京市历史文化名城保护规划》编制完成。提出了北京历史文化名城按照“三个层次，一个重点，文化融合”的保护思路①，明确历史文化保护区内的危房改造要采取“微循环式”保护与有机更新的方式，逐步更新危房，恢复原有街区的传统风貌。同年，《北京旧城 25 片历史文化保护区保护规划》得到批复，成为中国第一个针对历史街区保护的专项规划；第二批 15 片历史文化保护区名单（京政发[2002]27 号文）确定，旧城区内的皇城、北锣鼓巷、张自忠路北、张自忠路南、法源寺等被纳入历史文化保护区。随后，《北京皇城保护规划》（2003 年）、《北京第二批 15 片历史文化保护区保护规划》（2004 年）先后编制完成。为了加强对历史街区和传统四合院的保护，2003 年，市文物局在对旧城区内上千组四合院进行调查的基础上，选出 658 处

① “三个层次”即：文物保护单位的保护、历史文化保护区的保护、历史文化名城的保护。“一个重点”即：把 62.5 平方公里的凸字形旧城区作为整体保护的重要地区。“文化融合”即：要继承北京的历史文化传统和商业特色，并使之适应现代化发展的需要。

有价值的四合院进行挂牌保护。

这一时期，旧城改造中暴露出的很多问题，使人们意识到历史文化遗产的重要价值，社会文化论主导地位日益增强，城市规划建设与历史文化遗产保护理论都得到了空前的发展，注重汲取地域文化的差异与城市文脉的传承，同时认识到静态规划的不足，开始向动态规划迈进。从保护层面来看，这一阶段开始从物质形式的模仿延伸到形态的继承，保护对象从“点”——文物、“线”——商业街保护开始向“面状”的街区保护转变，历史街区保护从概念落实到规划。

随着社会各界对遗产保护的重视和旧城土地价值的飙升，北京旧城更新改造成本高对投资商吸引力下降；危改拆迁安置引发了社会问题和矛盾使改造项目逐渐失去居民的支持。面对平房四合院地区居民改善生活条件的强烈要求，政府面临的压力也越来越大。由于这一系列的问题和困难，加上面临着 2008 年奥运会的契机和挑战，2003 年年底，北京市政府对危改亮出黄牌，标志着管理者对北京旧城危改和整体保护的反思。

第三节　保护理念指导下的历史街区更新[①]

2004 年以来，有关历史街区保护的理念在法制规划管理实践中得以落实。北京市有关《北京历史文化名城保护条例》、《北京市城市总体规划(2004—2020)》等文件出台，历史街区保护以地方性法规形式被确定下来。2007 年起实施的《中华人民共和国文物保护

---

① 城市更新可定义为借由实质上维护、整建、拆除等方式使城市土地得以经济合理的再利用，并强化城市功能，增进社会福祉，提高生活品质，促进城市健全发展。也就是说对市中心丑陋建筑物的改建、贫民窟的迁置与历史遗迹的保留，以创造一个美好的工作与居住环境。城市更新的方式有拆除重建、整旧复新、保存维护等。(http://www.china-up.com/hdwiki/index.php?doc-view-38)

法》第 14 条、2008 年国务院颁布的《历史文化名城名镇名村保护条例》，已经成为历史街区保护的法规依据。2011 年通过的《中华人民共和国非物质文化遗产法》对于保护历史文化街区中非物质文化遗产因素而言是非常重要的法律依据和理论参考。中国自 1985 年成为《保护世界文化与自然遗产公约》缔约国以来，截至 2012 年，经联合国教科文组织审核批准列入《世界遗产名录》的有 43 项，其中，安徽古村落西递宏村(2000 年 11 月)、澳门历史城区(2005 年 7 月)、开平碉楼与村落(2007 年 6 月)和开封“天地之中”历史建筑群(2010 年 8 月)等均属于历史街区的范畴，足见国际社会对中国历史街区保护的重视。2008 年北京奥运会则提供了一个向世界展示中国传统文化的重要契机，引发了社会各界对历史街区保护与更新前所未有的关注。

一、历史街区的划定与规划

(一)历史街区的划定

北京市从 1990 年确定了第一批 25 片历史文化保护区名称以来，至今已先后公布三批共 43 片历史文化保护区。第一批 25 片历史文化保护区全部在旧城内。其中，旧皇城内 14 片，旧皇城外的内城 7 片、外城 4 片，总占地面积为 1038 公顷，约占旧城总用地的 17%。其中重点保护区占地面积 649 公顷，建设控制区占地面积 389 公顷。分布在旧皇城内的南、北长街，东、西华门大街，南、北池子，景山东、西后街等 14 片历史文化保护区，不论是已经演变为以传统居住形态为主的街区，还是旧城内重要的传统文化街，或是一些具有特色的小街，街区内或街的两侧分布着一些著名的文物古迹和历史遗存，保留着大量的四合院住宅，都是旧皇城传统风貌的重要组成部分，成为故宫、中南海、北海、景山的重要“背景”。而分布在旧皇城外内城的 7 片历史文化保护区中，西四北头条至八条、东四三条至八条是传统居民区；南锣鼓巷、什刹海地区、国子监地区、朝阜路和东交民巷[①]兼有传统居住区与新兴文化街区的特点。分布在皇城的外城的大栅栏、鲜鱼口地区，东、西琉璃厂等4片历史文化保护区，既是传统居住区，也是北京著名的传统商业街区或传统商业文化街。

北京市第二批15片历史文化保护区中，旧城新增了皇城、北锣鼓巷、张自忠路北、张自忠路南、法源寺等5片历史文化保护区，占地面积约249公顷，约占旧城总面积的4%。北京二批共40片历史文化保护区中，旧城内有30片，总占地面积约1278公顷，占旧城总面积的21%；历史文化保护区和文物保护单位保护范围及其建设控制地带的总面积为2617公顷，约占旧城总面积的42%。[②]即：北京旧城内将近一半面积的胡同四合院受到法规保护，不得进行大规模拆迁和其他建设，即使是小规模建设也受到严格控制。北京市第三批3片历史文化保护区：东城区新太仓、东四南和西城区南闹市口[③]均在旧城，什刹海、国子监、皇城、北锣鼓巷4个历史文化保护区扩大范围(见图6)。

---

① 建于元代的南锣鼓巷地区，是中国唯一完整保存着元代胡同院落肌理、规模最大、品级最高、资源最丰富的棋盘式传统民居区，南锣鼓巷这条街近年已经成为京城最具特色的休闲娱乐街；什刹海地区是融水面风光、王府、寺庙与民俗文化于一体的地区，是享誉京城的酒吧一条街；国子监地区拥有孔庙国子监，是以传统四合院为衬托的街区；阜成门内大街向东的朝阳门，沿途分布着著名的景点，被作家老舍称为“北京最美的一条街道”；东交民巷作为1900年以后西方列强的使馆区，其使馆建筑群是北京仅存的20世纪初的西洋风格建筑群，也是帝国主义侵略中国的实物遗存和爱国主义教育基地。

② 《北京历史文化名城保护规划》，2002年9月。

③ 新太仓胡同地区紧邻东直门内大街，是明时北京的粮仓之一，清朝时粮仓废弃变为民居至今。东四南大街有东四清真寺等文物，现为商业繁华地段；南闹市口现汇聚了很多金融机构，是有名的商业集散地。这3个片区都与著名的历史文化名城片区相邻，可谓原有保护规划的延伸。

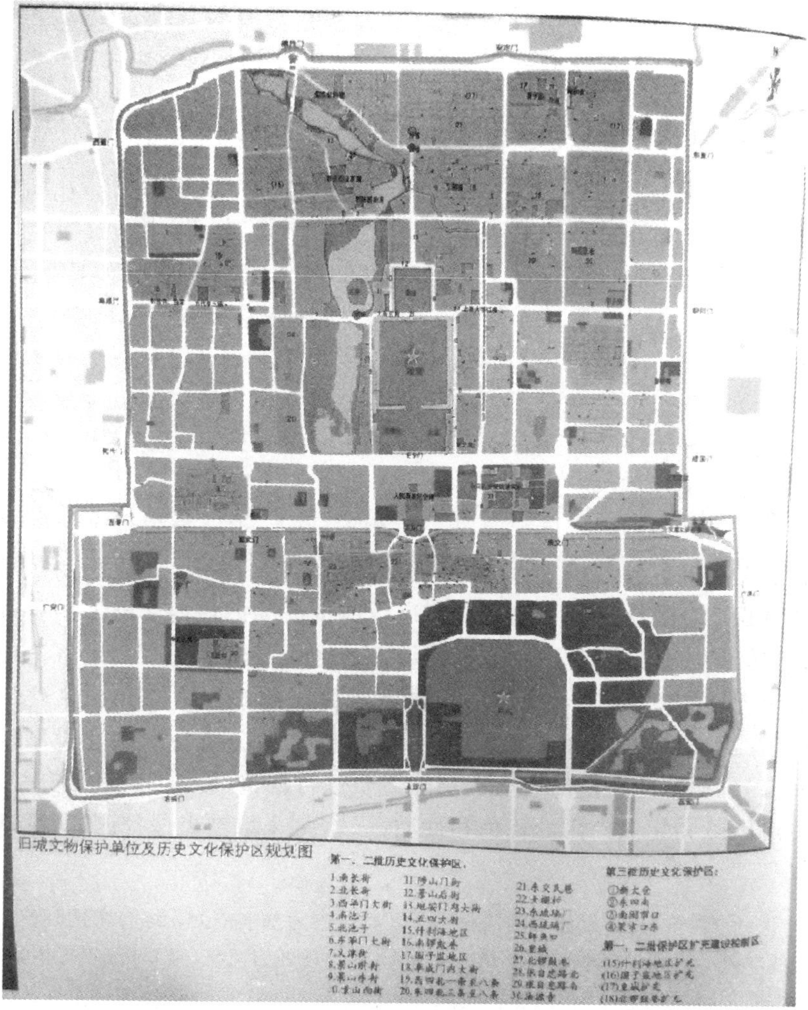

图 6　北京旧城历史文化保护区规划图

资料来源：北京城市总体规划(2004—2020 年)

(二)历史街区保护规划

北京市规划委员会在北京市政府批准实施《市区中心地区控制性详细规划》和《北京旧城历史文化保护区保护和控制范围规划》的

基础上，自 2000 年 7 月起，组织中国城市规划设计研究院、清华大学、北京市城市规划设计研究院等 12 家单位，共同编制了《北京旧城 25 片历史文化保护区保护规划》，并于 2002 年得到批复，成为中国第一个针对历史街区保护的专项规划。

保护规划强调必须以“院落”为基本单位进行保护与更新，危房的改造和更新不得破坏原有院落布局和胡同肌理。规划结合北京旧城空间形态的特征，以院落为单位进行现状资料调查和规划编制，共划分了 15178 个院落单位①，其中现状保存较完好的院落有 5456 个，占 36%。保护规划依据院落单位进行地块划分，并就土地使用功能进行调整，结合对现状人口密度的划分和建筑物等级分类，以此作为疏解历史街区人口，改善居住环境，提升街区整体实力的指导性、法规性依据。

保护规划根据实际，将 25 片保护区进一步划分为重点保护区和建设控制区，其中重点保护区用地面积 649 公顷，建设控制区用地面积 389 公顷。加上已由北京市政府批准的旧城内 200 多项各级文物保护单位的保护范围及其建设控制地带，保护与控制地区总用地面积达 2383 公顷，约占旧城总用地面积的 38%。在历史文化保护区内，用地性质分类遵照建设部《城市用地分类与规划建设用地标准》，土地使用性质应根据功能需要进行调整（见图 7），以进一步突出历史文化保护区的特色和性质②。规划采取重点保护区“微循环

① “院落单位”以现状的门牌编号及其范围为基本依据，综合考虑院落的行政区划、产权所属、历史形成、自然边界、院落的完整、出口位置等因素，有利于历史文化保护区的保护与更新。

② 保护规划范围内，居住用地面积由现状的 490 公顷，调整为 409 公顷，占总用地面积的 40%；公建用地面积由现状的 247 公顷，调整为 266 公顷，占总用地面积的 26%；工业用地面积由现状的 17 公顷，调整为 1.6 公顷，占总用地面积的 0.2%；道路用地面积由现状的 154 公顷，增加到 213 公顷，占总用地面积的 20%；公共绿化用地面积由现状的 69 公顷，增加为 97.4 公顷，占总用地面积的 9%；其他用地面积由现状的 61 公顷，调整为 51 公顷，占总用地面积的 4.8%。

式”改造模式，对街区进行整体风貌保护与整治，并积极鼓励公众参与；而对什刹海、大栅栏、鲜鱼口地区的建设控制区除参照重点保护区的原则外，还要注意保存和保护有价值的历史建筑、传统的街巷、胡同肌理和古树名木。这些规定从法律上杜绝了以前对旧城胡同、四合院不分青红皂白大拆大卸的做法，使历史街区保护进入了法制化轨道。

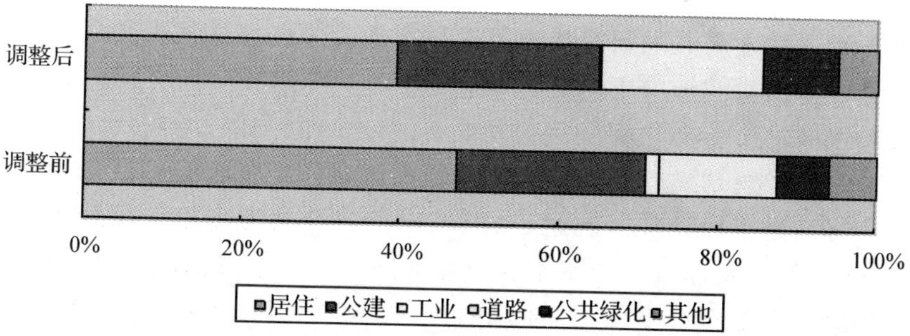

图 7　北京市第一批 25 片历史文化保护区规划前后土地使用功能调整对比图

各界专家学者对保护规划十分关注，认为《北京旧城 25 片历史文化保护区保护规划》是北京历史文化名城保护规划的重要组成部分，是对城市总体规划的深化。专家们提出，为了推动保护规划的实施，必须全市统一考虑，新区开发与旧城保护协调发展；需要进一步研究制定有关历史街区人口疏解、产权交易、房屋修缮等相关政策和法规①，促进旧城人口疏解、房屋自我维修和旧建筑的再利用；制定历史文化保护区保护管理规定，使其尽快步入法制化管理的轨道；积极开展重点保护区的试点工作，加强政府部门间的协

① 历史文化保护区的保护和更新，首先需要疏解过密的人口。重点保护区内人口的疏解与其他地区的危房改造不同，需要制定相应的人口迁移政策。其次，由于人口的迁移与房屋的产权交易密切相关，现行的危改、房改相结合的方式在建设控制区内可以借鉴，还需研究专门的房改政策和产权交易政策。再次，应制定房屋管理修缮政策，以鼓励产权单位或居民按照保护要求自行修缮房屋，合理使用旧建筑，达到解危的目的。

作，拆除违法建筑，采取切实措施大力整治历史街区周边环境。

为保障规划的实施，北京市各职能部门采取了相应的措施。一是市规划委与市文物局采取联合办公会议制度，共同研究涉及历史名城保护和文物建筑保护的重大事项和具体项目。各区的规划部门和危改主管部门要求建设单位必须按照市文物部门对旧城危改中的文物保护单位及文物普查登记项目的标示注册，首先提出保护文物建筑的措施后，才能申报危改方案。二是市文物局与市规划委、市建委和市房地局共同研究提出了在城市危改中加强文物保护工作的意见，提出对城市中不同区位的危改片应不同对待的原则[①]，对于与旧城区内历史文化保护区重合的危改片，应按照 25 片历史文化保护区保护规划实施，采取有机更新的方法，恢复原有街区的历史特色。三是市规划部门制定了《旧城内危改项目专家论证工作管理办法》，期望发挥首规委专家咨询组织的作用，使专家参与旧城危房改造论证工作制度化[②]，使规划方案能够能满足风貌保护的要求和控制性详细规划有关指标。

(三)有关历史街区保护的其他重要规划

2005 年，国务院批准的《北京城市总体规划(2004—2020 年)》把北京定位为“国家首都、世界城市、文化名城和宜居城市”，提出要对“中心城区优化调整”，进行“历史文化保护区的保护”，实现“旧城的保护和复兴”，发挥政府主导作用，加强历史文化街区保

① 对于旧城内历史文化保护区以外的危改片，要着重强调文物的保护和周边环境的控制，严格遵守各级文物保护单位的保护范围和建设控制地带的有关规定，并依据市政府批准的北京市区中心区控制性详细规划实施。对于旧城区以外的危改片，除个别地段涉及文物保护单位的要遵守文物的保护范围和建设控制地带的有关规定以外，其他地区可适当放宽要求。

② 该办法的初衷虽好，但是由于缺乏长期的立法和各项配套政策，危改实施中对保护的考虑却极为有限。

护，积极探索适合保护要求的危旧房改造模式[①]。《北京城市总体规划(2004—2020年)》将“历史文化名城保护与发展”作为单独一章进行论述，提出了各级文物保护单位、历史文化保护区和历史文化名城整体格局三个层次的历史文化名城保护。在“旧城的保护与复兴”中，提出要调整旧城功能、疏散旧城人口，“积极探索适合旧城保护和复兴的危房改造模式，停止大拆大建”。在“历史文化保护区的保护”中，指出了历史文化保护区的概念、保护原则，要求继续做好普查、划定和公布工作，及时编制规划，严格依据规划进行管理；要进一步扩大范围，加强历史建筑的保护和再利用，特别提出要“根据历史文化保护区的特点，采取相应的历史环境保护和有机更新方式，逐步改善历史文化保护区的居住和生活条件”。

二、历史街区保护与更新的局部探索

大规模危改的反思和历史文化遗产保护思想的兴起使历史街区保护与更新从大规模危改进入到局部探索阶段。2004—2005年，北京市对旧城区立项多年未启动的137片危改项目中的36片[②](原东城区18片、原西城区9片、原崇文区2片、原宣武区7片)进行撤项；对旧城区未实施拆迁的项目，要求按照风貌保护要求重新进行规划论证。2004年以来，为保护旧城古都风貌，改善居民居住条件，北京市各区县，尤其是4个城区在平房四合院区改造上进行

---

① 相关论述为：“十一、做好北京历史文化名城保护工作。要充分认识做好北京历史文化名城保护工作的重大意义，正确处理保护与发展的关系。政府应当在历史文化名城保护工作中发挥主导作用。加强旧城整体保护、历史文化街区保护、文物保护单位和优秀近现代建筑的保护。积极探索适合保护要求的市政基础设施和危旧房改造的模式，改善中心城危旧房地区的市政基础设施条件，稳步推进现有危旧房屋的改造。”

② 撤项的危改项目有些位于历史文化保护区内，如东城区的隆福寺、南锣鼓巷、景山东街、张自忠路北、张自忠路南、菊儿胡同三期、国子监等，西城区的西四北大街东、府右街、阜内大街南北两侧、德内鼓楼西大街大石桥等。

了各自小规模的尝试，积极探索保护旧城风貌前提下的房屋修缮，历史街区保护理念在政府的工作思路、方针和历史街区更新的实施方式、资金筹措等多方面得以体现：坚持保护为主、合理利用的原则，严格控制旧城内土地开发强度和建筑总量，以小规模渐进式有机更新取代大拆大建；突出政府主导作用，不再过分依赖开发商；采取政府补贴、居民出资、市场融资等多渠道资金筹措机制，不再仅靠提高容积率实现资金平衡等。

(一)院落微循环改造模式

原东城区采取“院落微循环改造模式”①在2005—2007年总计改造院落206个，居民795户，37348平方米，其中，交道口街道南锣鼓巷地区共修复了秦老胡同等10余个胡同上百个四合院。该模式以院落为单位，对破损比较严重、居住条件恶劣的四合院进行整体改造。这种小规模、渐进式的危旧四合院改造采取政府主导、市场运作的操作模式，积极吸收并鼓励单位和个人投资，缓解了政府的财政压力；注意吸收专家建议，充分考虑居民意愿，有利于风貌保护、减小了实施阻力。该模式也存在一些先天不足：如“2个100%”②，使一些住了很多户居民的大杂院因为很难达成一致而不能进

① 所谓“微循环”，是借用医学名词，是指相对于以往大规模改造而言的，一种小规模、渐进式的危旧四合院改造模式。其基本思路是以群众强烈要求改造的破旧院为切入点，对破损比较严重、居住条件恶劣的部分四合院的所有房子，包括厨房、煤棚等自建房，实行整体翻新重建改造。其基本原则是居民自愿、政府协调、街道组织、社会参与；“微循环改造”不是强制性的，而是充分考虑了居民意愿，以院落为单位，以居民自愿、集体同意为前提；政府的作用是搭建平台，尽可能为居民服务，解决好可能出现的问题；在具体操作上，“成熟一个、改造一个”，以居民自愿为前提，达到“2个100%”，同时，鼓励居民通过货币置换外迁。居民腾房后“搬而不拆”，首先要征求专家意见，确定院落房屋的修缮方式，然后按照保护规划确定功能和建筑类型。

② “2个100%”即：四合院内住户100%同意实行改造，并且100%同意安置方案。

行改造，影响了该模式的大面积推开，以致后来事实上处于停滞状态。

原西城区结合该区实际，于2005年正式启动了"拔危楼工程"，把产权人组织拔危楼作为解危排险工作的重点，本着"旧中选破、破中选危、危中选险"的原则，具体由区建委牵头、房地中心组织实施。全部工程由政府投资、政府组织、政府实施。政府主导的"政府组织拔危楼模式"在2005—2007年共拔除危楼39栋。由于该模式主要是针对危旧房屋，历史街区保护与更新的特点不明显。

（二）解危排险模式

2008北京奥运会之前，为了给北京奥运营造更好的人文环境和城市氛围，在其他现有旧城改造模式无法满足各方面要求的情况下，"解危排险"的模式应运而生。其基本思路是以住户强烈要求改造的、四合院里破损最严重的房屋为切入点，通过抢修或翻建，排除安全隐患并改善居民的住房条件。从2005年开始，北京市每年安排5.8亿元专项资金，定向用于2004年年底城四区危房数据库内的157万平方米，6万户直管公房[①]居民的搬迁、改造补助。2007年，北京市政府投入10亿资金，4个城区各2.5亿元。2005—2007年通过多种方式共解决了近3万户居民的居住安全隐患问题。原崇文和原宣武在前门、大栅栏等6片四合院文保区还启动了恢复明清历史风貌工程。

该模式由政府主导，实施主体是各区房屋管理部门；改造范围是旧城区的平房院落及简易楼，重点是临街或临胡同的四合院；改造对象主要是直管公房承租户，单位自管房由产权单位提出申请并组织实施，私房主愿意参加者可按照私房补偿政策给予安置。改造方式为小规模、渐进式、多样化、微循环；修缮标准是按照北京市建委和北京市文物局2007年联合下发的《北京旧城房屋修缮与保护技术导则》

① 直管公房的构成基础是1949年公逆产清管局接收民国政府原有公产，加上没收敌逆产、接管代管产、寺庙产、私人献产、接管无主产、会馆产、国家经租产、"文革产"以及新建住宅等。房地局负责直管公房的经营管理、维修等。

规定；实施中，充分吸收专家建议，合理区分四合院的危房和旧房，不破坏胡同肌理和四合院格局，又改善四合院的居住条件，同时，还采取“点、线、面”相结合的方法，进行街巷胡同的环境整治。

旧城内历史街区以“解危排险”为重点的危旧平房四合院改造实践，“整旧如旧”的方式等受到专家的好评；由于摒弃了僵化的“2个100%”，只要四合院里危房户本家同意，就可以实施就地改造，减少了实施难度，受到居民的欢迎；同时，也使一些珍贵的非文物保护单位老建筑得到修缮。但是，“整旧如旧”可谓一次有力度的复古运动，也受到一些非议。

(三)“修缮、改善、疏散”模式

2007年10月，北京市在总结前几年工作实践基础上，提出了“修缮、改善、疏散”①的总体思路，采取“政府主导、财政投入、居民自愿、专家指导、社会监督”的方式，以区政府为主，在城四区全面推开对旧城内平房、胡同的修缮，改善街巷环境，疏散旧城人口。为此，北京市相关部门出台了一系列文件②指导工作开展。按照这些规范要求，对房屋的修缮，根据房屋完好程度和价值采取不

---

① 对房屋进行“修缮”改造的范围和重点是：优先将旧城内现存5类危险房屋基本改造完毕；对文保区内重要街巷、重点四合院落、重点景区周边进行修缮、房屋修缮改造，消除房屋安全隐患，改善居民居住条件；结合重点区域改造，完善街巷、胡同市政基础设施；适当疏散旧城人口，优先解决低收入困难家庭住房保障问题。“改善”环境是指街巷、胡同、院落、房屋在修缮、改造后，应符合旧城风貌保护要求，并达到结构安全，能源清洁，设施基本完善，建筑节能符合标准等要求；修缮工程竣工后不仅验收工程质量还要验收风貌状况。逐步“疏散”旧城区人口密度。坚持居民自愿原则，愿意迁出原居住房屋的，采取保障性住房、货币补偿、定向安置房、“两限商品房”等多种方式安置。

② 主要有：《关于落实2008年奥运会前旧城内历史风貌保护区整治工作的指导意见》(市建委)、《北京旧城房屋修缮与保护技术导则》(市建委、市规划委、市文物局)、《关于旧城历史风貌保护区内平房院落及胡同整治市政府投资管理有关问题的通知》(市发改委)、《北京市旧城房屋修缮与保护技术手册》(市文物局)。

同修缮方式，按照传统工艺，或加固维修或翻建或改造，保留木结、青砖、合瓦等特点，力求恢复并体现北京民居四合院的本来特色和历史风貌。同时，对房屋内部的使用功能进行改造，使厨房、卫生间适应居民基本生活，并改造院内整体环境，完善院内和胡同的基础设施。

2008 年，市财政安排 10 亿元专项补助资金，主要用于房屋保护修缮和居民外迁补助；市发改委安排 2.3 亿元资金用于胡同市政改造，共对 44 条胡同、1954 个院落的房屋进行修缮整治，疏散居民 2800 户，改善了 10576 户居民的居住条件(见表 6)。

表 6　2008 年北京旧城房屋保护修缮工作完成情况

区	原胡同条数	院落个数	居民户数	房屋间数	建筑面积(平方米)
原东城	10	326	2203	4038	54018
原西城	1	465	3142	5430	76448
原崇文	14	608	3136	6405	88627
原宣武	8	555	2095	3514	50189
合计	44	1954	10576	19387	269282

资料来源：北京市住房保障办公室、古都风貌保护和危旧房改造处：《历史风貌保护与城市现代化——旧城改造中的难点问题》，2010 年。

市文物局按照“技术导则”要求，组织对四城区 2390 余处院落进行分类，确定每栋房屋修缮标准，建立了数据库(见表 7)。

2009 年以来，北京市继续加大工作力度，将旧城区 2 万户危房修缮列入年度市政府重要实事和折子工程。以市建委为责任主体，成立了由市发改委、市规划委、市财政局、市国土局、市文物局等部门的协调机构。市政府每年安排 10 亿元资金，每区 2.5 亿元，转移支付各区政府，主要用于直管公房房屋修缮及外迁补助。城四区政府结合本区危房解危排险计划与居民申请式修缮和疏散情况，通过房屋翻改建、大修、中修、小修和综合维修等多种方式，完成每区不少于 5000 户居民的房屋保护修缮工作。同时，市发改委安排

表 7　北京旧城区内院落分类及其数量

区	住户	院落	等级		
			一类	二类	三类
原东城	4543	1267	299	908	60
原西城	2931	283	13	233	37
原崇文	3730	420	30	258	132
原宣武	5070	420	79	865	319
合计	16274	2390	421	2264	548

资料来源：北京市住房保障办公室、古都风貌保护和危旧房改造处：《历史风貌保护与城市现代化——旧城改造中的难点问题》，2010 年。

7.07 亿元用于旧城区 200 条胡同市政基础设施改造，其中原东城区 60 条、原西城区 51 条、原崇文区 36 条、原宣武区 53 条。

2009 年 3 月，《北京旧城历史文化街区房屋保护和修缮工作的若干规定(试行)》(京建住[2009]65 号)开始施行，提出了房屋保护和修缮工作的指导原则，明确了产权人、使用人(含承租人)的修缮责任、修缮标准、工作程序、违法建设整治等①内容，并将房屋分成 6 类②，不同类别采用不同方式进行保护和修缮，提出了市政设施改造和环境整治的改造要求、标准和投资原则；还明确规定了居民疏散方式、公房交易和安置政策等，以及征购式疏散、申请式疏

① 文件规定工程由房屋所在区政府统一组织实施，市有关部门和区政府统筹协调，应保持胡同传统风貌和肌理，统一规划设计，统一实施，避免重复施工，减少对居民生活和周边环境的影响；明确院落外的基础设施改造费用由政府或市政专业公司承担，院落内的由房屋产权人承担。明确了房屋产权人承担房屋的保护和修缮责任，直管公有房屋和单位自管公有房屋产权人，可指定具体实施单位负责房屋保护和修缮工作，房屋使用人应当积极配合。

② 文物类、保护类、改善类、保留类、更新类、整饬类。

散和协商式疏散3种居民疏散方式[①]的疏散程序、疏散主体、直管公房上市交易政策、居民安置政策和腾空房屋处理等。

65号文明确了房屋产权人应承担房屋的保护和修缮以及解危排险责任，并承担院落内的基础设施改造费用；区政府统一组织实施旧城历史文化街区市政基础设施改造和环境整治工作，院落外的基础设施改造费用由政府或市政专业公司承担。区政府对腾退后的房屋在进行修缮后可以安排其他院落的居民居住，也可结合历史文化街区产业发展规划发展相关产业。

该模式是小规模修缮的又一次尝试和进步，各区政策、操作方式基本相同：采取定向安置、房屋置换、货币补偿等多种形式鼓励居民腾退房屋外迁，选择货币补偿的采取市场评估方式。在房屋修缮上，直管公房均由政府100％出资，纯私房院由产权人自行修缮，因“勾连搭”涉及的私房，政府承担部分修缮费用。这种改造方式是对《北京市城市总体规划(2004—2020年)》提出的小规模、渐进式有机更新方式的积极实践，得到专家的高度认可和居民的普遍拥护。

三、历史街区街巷胡同环境整治

结合2008奥运环境整治，城四区采取政府组织实施、政府和产权人共同出资的方式，对旧城街区重点街巷、胡同环境实施保护整治，包括地上物、绿化、交通设施、地下管线、沿街墙面、宅院大门等，拆除违法建设，恢复街巷传统风貌和建筑格局，保护原有商业业态和居民结构，提升环境质量。通过环境整治，烟袋斜街、北二环沿线、东单银街、南锣鼓巷、地安门内大街等传统街区面貌

① 对于需要腾退后对社会开放的不可移动文物、历史建筑和危及文物、历史建筑安全等不合理使用的建筑，以及其他需要拆除的危房等，采取征购式疏散。旧城历史文化街区公有房屋承租人愿意腾退房屋的，可以按照程序进行申请式疏散。同时，鼓励单位和个人购买旧城历史文化街区的房屋或院落，参与房屋保护和修缮工作，进行协商式疏散。对外迁居民的具体安置办法由所在地区政府按照居民原住房面积结合区位差异等因素制定。

得到有效恢复。

案例：什刹海历史文化保护区烟袋斜街

什刹海地区是北京市第一批公布的25片历史文化保护区之一，面积最大，拥有胡同90多条，各种民居四合院2000多座，居民近7万人，是一个集自然风景、传统商业、民俗居住于一体的综合保护区。该地区位于旧城中心，一般是指前海、后海和西海及其周边地区，水域面积占23%约33.6公顷，是旧城唯一有大面积水景的历史文化街区。什刹海作为京杭大运河漕运终点码头的历史共延续139年，周边留下了丰富的历史文化遗产，现拥有国家级文保单位3处，市、区级文保单位和普查登记单位40余处，金丝套地区和烟袋斜街拥有整片保存较为完整的北京旧民居。

什刹海周边1994年以来兴起的“胡同游”深受国际游客喜爱，一度成为北京旅游市场的明星产品；2003年兴起的什刹海酒吧一条街声名鹊起，风头盖过了三里屯；什刹海水上游满足了京城百姓对水景的需求，恭王府等后起之秀与宋庆龄故居等景点吸引了众多游客和为游客服务的众多商家。在什刹海商气、人气大增，地区经济繁荣的同时，也带来了很多问题：交通拥堵、环境脏乱、居民日常生活深受影响、古都风貌受损，导致经济发展与文物保护、居民生活之间的矛盾日趋尖锐，引发了社会各界的热烈讨论。在此背景下，2005年开始，西城区开展了什刹海环境整治工程，规范“胡同游”旅游市场、拆除环湖违章建筑、整治交通秩序。同时，制定了什刹海历史文化保护区环境保护整治3年规划，希望通过对景观环境的整治、历史资源的保护、传统风貌的恢复，提升环境品质，保护悠久的历史、独特的风貌特色，促进街区复兴。

保护整治的原则是整体保护、市政先行、重点带动、循序渐进。同时，以整体保护促进公共空间环境质量的改善，以重点改造促进整体地区有机更新，以风貌修复推动文化产业活跃发展，以商业发展带动居住社区健康转型。其中突出的代表就是烟袋斜街。

烟袋斜街是北京旧城内一条具有悠久历史的街道，长约300

米，历史上是联系前海与地安门外大街的一条的重要传统商业步行街道。该整治工程强调保护该传统街区的历史文化传统，强化传统商业、民俗居住街区意象，塑造宜人的特色公共空间环境（北京—旧城—市街—胡同—院落）；注重改善居住品质、振兴街市商业活力、发掘特色旅游价值；探索有效保护、渐进发展的政策框架、经济运作和操作策略[123]。

政府作用主要体现在公共设施投入、产业积极引导和居民置换协调。整治改造由西城区政府拨款，什刹海风景区管理处负责实施。烟袋斜街一期整治面积 300 余平方米。政府除了拆除违章建筑、市政工程改造（包括重铺路面、铺装天然气、自来水及污水管线等）更新外，还维修了沿街的危险房屋，按照一定规格整修了部分铺面房，一期预算 196.25 万元，实际共花费不到 160 万元。政府先把市政设施到位，然后再逐步引导房屋修缮和经济发展。

在烟袋斜街的整治修缮中，政府投资公共基础设施，统一规划，并为居民提供部分修缮资助，以少量资金引导社会资金的投入，居民通过资助修缮了房屋，开设小店经营，解决了全家的生计问题，花钱不多，产权有保障。整治后的烟袋斜街环境质量得到提升，文化气息更浓，多样化的小商业吸引了更多游客，促进了地区的经济发展（见图 8）。

图 8　整治后的什刹海和烟袋斜街

四、历史街区土地再开发试点

2003 年，北京市确定了前门、大栅栏等 6 片文保区试点项目，积极探索适合历史文化保护区的相关保护政策和实施方式。以前门地区为例：政府以实施解危排险为突破点，解决居民居住安全隐患问题；大规模同步外迁前门地区居民近 2 万户，疏散旧城人口；实行“人房分离、腾而不拆”，对腾空后房屋实行封堵，腾而不拆。建设过程实行“样板先行”，在西区首先确定了老字号样板工程，完整地保留和恢复老字号的原有风貌，通过样板工程的精品效应带动整片保护工程进行。

案例：前门大栅栏地区的修缮改造

作为第一批历史文化保护区，前门大栅栏地区是明清北京城最繁华的商业区和居民居住区。其中，前门地区总占地面积 105 公顷，大栅栏地区总占地面积 110 公顷，分别位于正阳门以南的东西两侧。有北京历史延续最长(金、元、明、清、民国至当代)的城市肌理、街区风貌和众多的历史遗存①，具有深厚的文化底蕴和凝重的历史氛围，形成了独特的历史风貌，是北京现存不多的“历史记忆”之地。前门大街和大栅栏还是自明代以来 600 多年间京城最繁华的商业街。但是，两地均面临共同的困难，主要表现在：房屋破旧，风貌受损②；市政基础设施严重老化，火灾隐患严重③；人口密度高④；缺乏有效的商业组织和管理模式，业态水平落后、商业

① 前门大栅栏地区共有国家级文物保护单位 5 处、市级文物保护单位 7 处、区级文物保护单位 2 处、普查级文物 77 处、挂牌保护院落 68 处，古树名木、著名老字号、会馆、银庄钱号和名人故居等四合院 100 多处。

② 根据房管部门调查，大栅栏地区的三、四、五类危旧房面积比例已超过 90%，其中四、五类危房达 30%以上。前门地区的房屋 80%以上是具有百年房龄、破损严重的四、五类危房。

③ 街巷的地下水管线大多沿用明清时期的旧方沟，自来水是低压区，没有燃气管道，老百姓称之为“十无”。道路狭窄，前门地区的 63 条胡同中，最窄的同乐胡同仅 0.68 米。

④ 前门地区原有居民近 2 万户，常住人口 6 万人，人口密度高达 4.38 万人/平方公里，大栅栏人口密度达 4.4 万人/平方公里，远远高于市中心区的平均水平，是北京市人口密度最高的区域之一，而且，弱势群体相对集中，贫困人口、老龄人口、文化层次低的人多。

设施陈旧、公共服务水平低，无法满足现代化商业发展的需求。很多有百年历史的文物古迹被围在居民大杂院中，得不到应有的维护和修缮，人为破坏严重。由于拆迁成本高，市政新建投入大，再加上规划控制严，开发商资金平衡难，不感兴趣。据有关部门估算，仅大栅栏地区的拆迁费用、市政建设费加上文物保护等费用大约要130亿元。

1. 大栅栏地区的修缮改造[①]

2002年开始，原宣武区制定了保护、整治与发展规划设计方案，2007年，大栅栏文保区试点地块胡同修缮整治方案获得批复。大栅栏定位为传统商业、民俗文化旅游及居住相结合的综合性传统历史文化保护区域，旨在形成个性化的城市社区，以提升地段的环境品质，增强地段的吸引力与城市活力[②]。依据《北京旧城二十五片历史文化保护区保护规划》，方案将大栅栏地区分为4类不同地区

---

① 北京地方志编委会办公室：《北京年鉴(2008)》，北京：北京年鉴社，2008年，第242页。

② 规划原则：一是坚持旧城保护规划的真实性原则，全力保存规划区域内真实的历史信息，保护历史遗存和原貌。根据规划地段的性质与特点，保护该地区内历史街区的整体风貌。二是正确处理保护整治与更新发展之间的关系，“以保护求发展，以发展促保护”。在保护好历史文化传统的基础上，复兴大栅栏街区的传统商业活力、改善传统四合院的居住条件、发掘提升区域的整体旅游潜力，以带动整个大栅栏地区的未来发展。三是遵循“重点保护历史性建筑，普遍改善环境设施，整体保持传统风貌，局部合理改造更新”的保护规划方针。通过循序渐进、小规模更新的改造方式，逐步提升大栅栏地区的环境品质、文化传统和商业氛围。四是本着“体现特色、突出重点”的原则，在充分调研的基础上，对地段分类分级，制定针对性、可操作性强的规划控制导则，提出可行的保护政策和管理方法。五是尊重市场经济规律，规划设计结合市场导向。坚持商业、商住混合和居住地区用地功能的弹性区划原则。对规划地段进行整体性的特色功能区域划分，单个地块根据实际情况保持功能上的实用弹性。六是遵循技术保障原则，在最大限度保护历史肌理的前提下，提倡通过先进的技术手段和管理方法来弥补旧城交通、市政、绿化空间不足的一系列问题。

并以不同原则进行控制；整合重要历史文化景观及街巷，严格控制建筑高度，形成了大栅栏传统商业保护区、琉璃厂特色商业保护区、梨园文化保护区、传统四合院保护区、传统民俗旅游保护区、文化商贸区和特色旅馆区等，力图将历史文化保护、危旧房屋改造、传统商业复兴和文化旅游产业发展结合在一起。

大栅栏地区修缮改造的运作模式是实行“政府主导、整体规划、市场化运作、分步骤实施、分层次授权”的方式，区政府专门成立大栅栏投资公司，整体授权该公司组织实施。该公司与社会投资人成立的合资公司按照土地整理的区域授权，分阶段、分地块地进行土地整理立项或地块项目开发。实际操作分3期①，现均已完成(见图9)[125][126]。

图9　修缮后的大栅栏街景

① 第一期启动煤市街和南新华街的改造，同时带动街道两侧的建筑和环境改造，突出月亮湾地区、廊房二条、大栅栏街、五道庙地区等一批重点地区的保护、整治与建设；第二期建设完成区内道路干线系统，并完成斜街地区、前门西河沿街区的保护性及广安门大街北侧风貌协调区的建设，使这一地区对内形成较完整的传统风貌景观体系，对外形成较成熟的城市形象；第三期建设完成风貌保护面积大、人口密度高、市政改造难度大的中间区片，并注重环境整治和传统街巷风貌的保持。

2. 前门地区修缮整治工程①

该工程于2002年立项，规划过程历时5年。方案②以前门东侧路为界，将东片划为四合院居住区，按照传统风貌整体保护区域占总面积的76%、有机更新用地占24%，划分为重点保护区、建设控制区及建设协调区。西片作为商业区，按传统风貌整体保护修缮用地占81%、有机更新用地占19%。在严格保护现有胡同肌理的基础上，全面保护传统建筑风貌、商业业态、京味文化，打造了一个具有浓厚老北京特色的街区，形成前门传统步行商业街、鲜鱼口历史文化保护区、现代休闲地下商业步行街、胡同民居市井文化旅游区等不同分区，并将广和剧场改建成前门历史文化博物馆。通过优化用地功能，提升区域的核心经济功能，优化产业结构与布局，增强城市综合竞争力，振兴地区经济，推进城市发展。

前门大街形成于1436年，是明清两代皇帝天坛祭天、先农坛演耕的必经之路，因而被称为御路天街。2005年的修缮整治是明朝以来规模最大、投入最多、最为彻底的一次修缮整治。恢复20

① 资料来源：原崇文区前门街道办事处。

② 规划中，一是保护、弘扬、展示北京历史文化和古都风貌。提出要努力做到“3个百分之百”，即百分之百地落实鲜鱼口历史文化保护区和前门地区古城风貌整体保护方案；百分之百地抢救和保护前门地区现存文物、文物普查单位、挂牌保护院落、有价值保留建筑；百分之百地抢救和保护前门地区的历史文化遗产和老字号，重现前门地区物质文化和非物质文化遗产的魅力。二是降低地区人口密度，改善城市环境。4年中7次搬迁，推出“菜单式”搬迁政策，在充分尊重“想留则留”的基础上，提出定向安置、货币补偿、产权共有、就地修缮和异地承租等5种方式供居民选择，积极筹措经济适用房、建设定向安置用房、中介安排房源等多种方式，并给予搬迁奖励，鼓励居民外迁，使1.7万户居民解危排险，改善了居住条件。三是完善区内交通系统和市政设施；建设“四横三纵”7条道路，在主要道路周边建立地下交通环路，形成地下交通和停车体系。基本实现上水、下水、电力、热力、燃气、通信、道路等市政设施的现代化。绿化美化环境，新建部分绿化景观和街头小广场，为人们提供休闲场所，既尊重历史，又美化环境。四是优化用地功能，提升区域的核心经济功能，优化产业结构与布局，增强城市综合竞争力，振兴地区经济，推进城市发展。

世纪二三十年代“清末民初”为主的建筑风格，再现老北京传统建筑文化中古朴优雅的神韵；大街两侧建筑按具体情况分类分别修缮。修复后的前门大街全长 840 米，恢复了标志性建筑五牌楼和白石御路，铛铛车也重现前门。在城市家具、灯饰、小品设计上采用北京元素，如鸟笼式、拨浪鼓式路灯，石鼓状、太平缸状花钵等，条几与两侧历史建筑和谐成趣，成为“人文北京”靓丽的风景线。值得一提的是，在前门大街的整治中，对台湾会馆进行了全面的修缮扩建并对地下空间进行了开发。

修缮整治后的前门大街也成为“老字号”商户集中、彰显古都风貌、感受现代气息、设施齐全的商业文化景观街[124]（见图 10）。自

图 10　修缮一新的前门大街

2008 年开街以来，有 100 余家商户开张营业，全聚德烤鸭等中华老字号品牌和星巴克等国际知名品牌各占商户总数的 20%，李宁等新兴民族自主品牌占近 60%。到 2010 年 5 月，累计接待国内外游客 1 亿余人次，日均客流量 14 万人次。

前门地区和大栅栏地区的修缮改造使老北京贫穷落后的地区面貌得以改观、街区经济得以振兴。但是，这种以政府为主导、作为实施主体和出资主体的方式存在很大风险，难以持续；前门大街全面恢复上世纪初风貌的做法值得商榷①；走平民路线的老北京老字

① 《人民文学》副主编肖复兴曾说：“前门大街正在修步行街，马路两侧将建起民国时期的各色老字号。但绝大多数是新修的赝品。这样一条街，和其他一些城市所建起的‘唐街’‘宋城’有什么区别？在我们辉煌的故宫和巍峨的前门楼子的眼前，修建成一条高级的赝品街，不能不让人对它充满忧虑。”（《人民日报》，2008 年 1 月 10 日）

号餐饮因无力承担昂贵的店铺租金而被迫撤离，使前门地区老北京风情不再。

第四节　文化创意产业发展中的历史街区复兴①

随着中国经济社会的不断发展进步，国际视野的不断延展，特别是2008年奥运会后北京城市发展进入后奥运时代，对城市文化创意与文化休闲意境的追求，在建设全国文化中心和中国特色世界城市的战略引导下，文化创意产业兴起，“人文北京”建设进入新的历史阶段。映射在历史街区保护与更新上，就是政府部门、投资者不再一味以房地产开发为主导运作模式，而是将文化创意产业植入历史街区，推动历史街区的功能转型，实现历史街区的复兴。以传统的胡同四合院、会馆、废弃的厂房等为物质载体，通过租赁、买断、合作等多种方式，充分挖掘北京传统的历史文化符号和文化价值，面向文化创意产业和休闲服务业，将历史街区打造成为文化休闲街区，布局文化创意空间、商店、餐饮、住宿等设施，丰富城市居民的文化休闲与娱乐生活，使历史街区重新焕发生机和活力。

一、文化休闲特色街区

在北京旧城历史文化保护区内，除了传统的商业街区以外，一些历史文化资源较丰富的地区，大量院落建筑得到再利用，并呈现出集中化的趋势，逐渐形成了新的文化旅游休闲街区，吸引了大量人流，繁荣了市场，提升了土地的价值，促进了街区的复兴。除了

---

① 历史街区复兴是一项旨在解决城市问题的综合性、整体性的城市开发计划与行动，其目的是寻求某一亟待改变地区的经济、物质、社会和环境条件的持续改善。通过各种政策和措施，使历史街区的居住条件得到提高，街区形象和环境得到改善，经济活力得到恢复，使历史街区成为整个城市的和重要组成部分，重新融入城市的社会、经济系统。（Peter Roberts，Hugh Sykes. Urban Regeneration . London：SAGE Publications Ltd，2000. 9－35）。

已在京城享有盛名的什刹海地区、南锣鼓巷地区以外，南新仓文化休闲街也是其中的典型。

案例：南新仓文化休闲特色街区

南新仓文化休闲特色街区[①]位于东四三—八条历史文化保护区内，是以“文化休闲娱乐服务”为主要经营业态的文化创意产业街区，展示了“新的在旧的中，时尚在历史中”的特色，是一个将历史文化遗产保护与利用有机结合的探索实例。

南新仓是明清两代京都储藏粮米的皇家粮仓之一，明永乐七年(1409 年)在元代北太仓的基础上建成。民国时改作军火库，新中国成立后一直作为储存日用百货商品的库房，现仍保留有仓廒 9 座及部分仓墙。[②] 作为中国仅有、北京现存规模最大、现状保存最完好的皇家仓廒，南新仓是京都史、漕运史、仓储史的历史见证，也是中国现存古建筑中的一个特殊类型，1984 年被公布为北京市文物保护单位。

南新仓文化休闲特色街区从 2005 年开始筹建，总投资 2000 多万元，修缮古仓和仓墙，改造市政设施，完善街区景观，建立商业配套设施。现建筑设施主要由南新仓古仓群、南新仓仿古建筑群和南新仓国际大厦底商共同组成，总建筑面积 3.3 万平方米，整个步行街总长近千米。其中，南新仓国际大厦底商建筑面积 2.5 万平方米；南新仓古仓群、仿古建筑群建筑面积共 8000 余平方米。现有 30 余家商户，经营文化、休闲类的各占一半，涉及艺术文化、演出文化和美食文化等。这些现存的仓廒是该街区的核心和特色。文化休闲企业利用仓廒的空间，本着“既要保留古都风貌，又要富有现代气息”的原则，将其设计成为一个个文化展示、交流的高品位、

---

① 北京市东城区地方志办公室编：《北京东城年鉴 2007》，方志出版社，2008 年，第 330 页。

② 北京市东城区文化文物局编：《北京市东城区文化文物志》，2000 年，第 257 页。

时尚精雅的场所，成为京城文化休闲产业的新亮点。仓廒内的“新北京画廊”，“普罗之声”的高档次展示场所，新片、新闻发布会，“金粉世家”等都很有特色。尤其是“皇家粮仓”上演的厅堂版昆曲《牡丹亭》号称是“600 年历史文化遗产与 600 年非物质文化遗产的绝妙组合”，成为京城文化热点。2008 年，接待了包括罗格、萨马兰奇等在内的国际奥委会官员、运动员、外国政要、其他中外宾客达 8 万人次，其中外宾 1.9 万人次。近年来，南新仓文化休闲街被列为市级特色商业街区，获得全国和北京市的荣誉，成为 3A 级旅游景区，着实是北京休闲旅游市场的后起之秀，2010 年成为东城区发展文化创意产业集聚区。(见图 11)

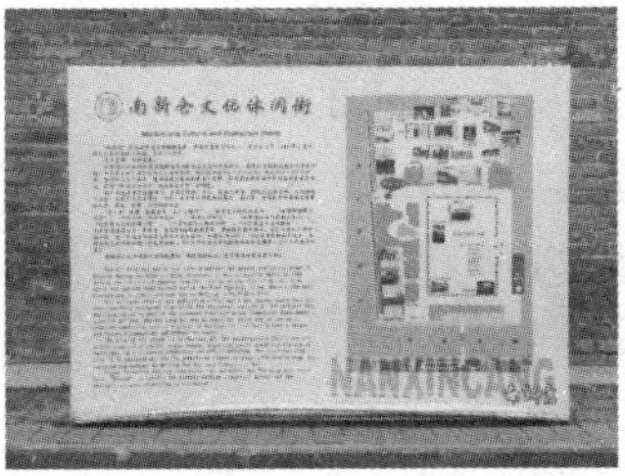

图 11　南新仓文化休闲街

整个街区由北京一商集团有限责任公司的子公司北京南新仓商贸有限公司经营管理。街区采取“整体定位，统一形象，集合招商，整合营销”的经营方式，不断完善旅游基础设施建设，营造文化休闲环境；充分利用“南新仓”丰厚的历史文化底蕴和古建特色、人文特色，让宝贵的古仓资源与现代化建筑有机结合，使之成为向世界展示现代北京多元文化和商务共融的“窗口”。南新仓文化休闲街尝试探索了历史建筑的再利用，提高历史文化遗产的附加值，在取得较好经济效益的同时，也扩大了南新仓的知名度，对公众普及了历史文化遗产保护利用的知识。但目前入驻的知名品牌仍不多，硬件、软件都需要提升，知名度需要扩大。同时，该街区受地域面积的局限，只能走精品、高端的路线。

二、历史街区中的"创意工厂"

北京旧城历史街区中散落着一些工厂，有些是新中国成立之初北京大力发展工业时建成的，有些是街道办的工厂。进入21世纪，随着城市发展和功能的变化以及产业结构的升级，旧城土地价值逐渐显现，第二产业逐渐外迁，在旧城历史街区留下了废弃的厂房和院落。随着工业遗产受到重视，尤其是文化创意产业的兴起，城市中的产业遗迹重新具有了价值。2007年以来，东城区率先将胡同里的旧厂房、院落资源进行系统梳理并与相关单位就产权、资金、方案等方面沟通协调，使之变身为"胡同里的创意工厂"，引导优质企业改造、盘活了近20家胡同里的旧厂房、院落，整合出近20万平方米的办公面积，并利用中关村科技园雍和园的政策，使其成为文化创意产业集聚区，吸引了500多家影响力大、附加值高、成长性好的科技类文化企业入驻，带动了周边地区的文化产业发展。通过建设"胡同里的创意工厂"，将传统文化资源与产业资源有机结合，在盘活土地存量资产、延续城市文脉、推进现代服务业发展、促进城市有机更新方面做了有益探索。这种"腾笼换鸟"的改造模式，利用散落在胡同里的产业遗迹发展文化创意产业，实现了历史街区土地功能的转换和土地升值。

这11处文化创意产业集聚区中，有9处位于旧城的历史文化保护区内，其中，国子监—雍和宫历史文化保护区有6处，中关村科技园区雍和园也位于该保护区内(见表8)。

表8　北京旧城历史文化保护区内的"创意工厂"

历史文化保护区名称	项目名称	原工厂名称	所在地
国子监—雍和宫	方家胡同46号	中国机床总公司	方家胡同。国子监街南侧
	东雍创业谷	北京金漆镶嵌厂	后永康胡同。中关村雍和园

续表

历史文化保护区名称	项目名称	原工厂名称	所在地
国子监—雍和宫	嘉诚印象·藏经馆17号	北京市轻工业品进出口公司	藏经馆胡同。雍和宫南侧
	圣唐古驿绿色低碳园	东城区市政工程管理所仓库	藏经馆胡同。雍和宫南侧
	国学书院	国学小学	国学胡同。孔庙东侧，雍和宫西侧
	柏林寺陶瓷创意国际交流中心	柏林寺	戏楼胡同。雍和宫南侧
新太仓	人民美术工厂	人民美术印刷厂	板桥南巷
张自忠路南	后街美术与设计文化创意产业园	北京市胶印厂	美术馆后街。中国美术馆东侧
东四三—八条	亮点55号创意园	万信商务大厦	东四十条
张自忠路北	天海商务大厦	北京电视厂	东四北大街
无(旧城外)	东方燕都	北京市地毯厂	安定路
无(旧城外)	航星科技园	北京航星机器制造公司厂房	和平里东街

(一)方家胡同[①] 46号

该项目位于国子监—雍和园历史文化保护区内，在国子监街南侧。项目改造自原中国机床厂，占地面积9000平方米。开发商通

---

① 方家胡同：明代即有胡同名称。13号、15号是清循郡王王府旧址，后为精密机床修理总站，西边为区老干部活动站，东边为外交部宿舍。北京市文物保护单位。(北京市东城区文化文物局：《北京市东城区文化文物志》，2000年，第351页)

过产业置换等手段对20世纪50年代到90年代期间建成的旧厂房进行改造。目前，方家胡同46号已经成为北京最具创新创意活力的艺术社区和跨界艺术创作、生产、展示、销售的平台。2009年，46号红方剧场被国际知名建筑杂志 Architype Review 评为全球值得关注的十大建筑。市政工程改善了周边环境品质，居民得到了实惠(见图12)。

图12　方家胡同46号院

(二)东雍创业谷

该项目位于国子监—雍和宫历史文化保护区内，项目改造自原北京金漆镶嵌厂，对传统的办公楼进行了整体规划与改造，将其打造成为企业经营提供各种支撑服务的文化孵育平台。2008年项目运营以来，出租率达到99%，年租金收入近600万元，仅6000多平方米的建筑面积里共引入了317家企业，帮助了一批文化创意企业发展壮大。2010年，东雍创业谷企业区域经济贡献额达到9000多万元，仅虚拟注册企业就达到1000多万元。

(三)人民美术工厂

该项目位于新太仓历史文化保护区内，项目改造自原人民美术印刷厂，建筑面积12000平方米。改造过程中，秉持修旧如初的理念，结合创意产业业态需求保留了20世纪五六十年代建设的原厂区的建筑形态与符号，对主体结构及建筑物外立面重新修缮，充分挖掘和利用原厂房和纸库的空间高度，使改造后的建筑形态更具魅力。目前，该项目已经汇集了一批高端创意人群，进驻了一批优秀的建筑设计、创意设计、摄影、服装设计、家具展示、动漫游戏企业，初步形成了自己的特色创意氛围。

(四)柏林寺①陶瓷创意国际交流中心

该项目位于国子监—雍和宫历史文化保护区，在国家级文物保护单位千年古刹柏林寺内，由中国陶瓷第一品牌隆达陶瓷运作。在对柏林寺进行院落整体保护及建筑修缮的同时，以柏林寺为基地进行中国陶瓷的设计研发，将其打造成为陶瓷产业的高端交流展示推广中心。该项目占地面积18000平方米，建筑面积约2500平方米。

“胡同里的创意工厂”模式主要是由属地政府发挥主导作用、采用市场化运作方式。当地政府部门牵头，摸清土地资源及权属情况并主动协调产权方及开发企业；开发运营商的引入及其土地再开发与管理主要依靠市场运作；政府还通过政策扶植、经济杠杆等引导产业升级，调整产业结构，引导文化创意产业集聚并实现差异化发展；政府也组织各种活动，宣传报道，培育提升“胡同里的创意工厂”品牌影响力。该模式是在旧城历史街区保护理念指导下，利用市场机制，进行功能置换、产业升级、促进街区繁荣，统筹考虑了政府、居民、企业、社会各界多方面利益诉求，是小规模有机更新的一种有益尝试[205]。

但是，该模式的成功与否取决于多个因素，政府强有力的主导作用是推动工作的关键；产业遗迹的位置、环境和目前使用状况直接决定了土地再开发的升值空间；产权归属方的意愿影响了项目的可行性，开发管理公司的水平关系到项目运作能否可持续等。由于政府并不完全掌握物业资源，缺乏产业引导的话语权与执行力，而产权主体性质多样、开发管理公司管理水平各异等，有效整合资源、实现特色产业集聚难度很大。属地政府为企业提供的个性化、人性化服务和企业发展的软环境需要加强，产业基地周边胡同环境脏乱、市政设施陈旧落后的问题需要整治并做好整体规划。因此，该模式难以大规模推广。

---

① 柏林寺：佛教寺庙，建于元至正七年(1347年)，2006年被列入第6批国家级重点文物保护单位(国文[2006]19号文)。

三、以租住模式为主的国际化街区

在文化创意产业如火如荼的发展中，一些历史风貌保护不是十分完整的街区也加入其中，尤其值得一提的是位于国子监—雍和宫历史文化保护区的五道营胡同。

案例：五道营胡同

五道营胡同[①]位于北二环南侧安定门与雍和宫之间，据传为明代守城兵营驻地，明代称武德卫营，清代称现名。东西走向的胡同全长632米，宽6米，共有院落69个，其中公房院21个，私房院40个，公私混合院8个。内有直管公房179户3444平方米，私房220户5028平方米，单位自管房8户562平方米。该地区胡同肌理清晰，相对完整地保留了旧城平房居民形式和老北京市民生活形态，浓厚的文化底蕴和朴素的生活气息成为吸引外籍人士居住的首要因素。截至2010年春节，五道营胡同先后有40多家风格迥异的店铺开张营业，这些商铺中既有老北京的传统文化、风俗人情、书画墨宝、藏传文化，也有异国风情、西式餐饮、环保健身、创意艺术等。近年来，五道营胡同独具特色的租住模式、多元文化的融合共存、外籍居民与本地居民共同参与社区自治，使传统历史文化保护区在世界城市建设中获得新的发展，逐渐成为北京旧城内外籍人士聚集的国际化街区。

雍和别墅。2000年开业的雍和别墅项目位于五道营胡同南边的箭厂胡同，占地8100平方米，房屋总面积4700平方米。该院落原为北京二商集团的酱菜仓库，北京雍和御苑物业管理有限公司承租后，将原有酱菜库改造成4排39套复式别墅，设计了大小不等的多种户型，配齐必备生活设施，并提供完善的物业管理服务。项目以高端外籍人士为客户，通过海外市场的推介，开展长期租住业务。由于地理位置、居住条件、文化氛围等各方面的优势，该项目

---

① 资料来源：安定门街道。

10年来市场经营状况一直良好。以面积最小的户型为例，每年20万以上的租金依然供不应求，入住率始终保持在100%，后续入住的客户需要提前很长时间预约。雍和别墅项目的火爆带动了临近的官书院小区，许多外籍人士在排队等候期间转而租住官书院小区的住房，并逐步形成了新聚集地。目前，雍和别墅、官书院小区和五道营胡同内居住着来自10多个国家的百余名外籍人士。

2006—2008年，政府投资2500余万元加快基础设施改造①，改善周边环境。地区基础设施的改善和雍和别墅等地外籍人士的聚集催生了五道营胡同特色商业的发展。2006年8月，五道营第一家特色商业——葡萄院儿开业，一些风格各异的西餐厅、酒吧陆续入驻，形成兼具胡同文化和异国风情的特色街(见图13)。周边居住的外籍人士将这些兼具胡同文化和异国风情的店铺作为自己交际的首选场所，东边雍和科技园区内的高薪白领和南边方家胡同46号等文化创意基地内的从业人员也被吸引，他们成为相对固定的消费人群。同时，许多外籍人士也通过相互推荐和介绍，选择在五道营胡同从事特色酒吧、咖啡屋、特色餐饮店、创意工作室和会所经营。现有55家店铺中30%的店铺由外籍人士开办，60%以上的经营者具有海外背景，每月接待外籍人士总数在2万人左右。

图13 五道营胡同异国风情的店家

① 2006年，政府投资500余万元，疏解地区居民13个院落50余户，建成北二环城市公园，改善了周边环境。2007年，政府投资1300余万元实施民居改善工程，翻修直管公房院落38个331间5600平方米，涉及居民226户。2008年，又投资700余万元实施煤改电工程，改造用户1282户，实施架空线入地工程。

五道营地区的外籍人士多以居住为主要目的，通过短期公寓租住、长期店铺租赁、一次性购买定居等多种方式，形成了该地区独具特色的租住模式。外籍人士重视创造性的特点决定了店铺的个性化、特色化、差异化经营理念，推动了院落改造。商户按照经营性质和设计理念，对所购买或租赁的院落进行单体改造，在整体保留传统民居外观的基础上，在内部进行大胆设计，融入更多国际文化元素，形成了特色风格，使街区建筑的外观整体保持了历史文化街区传统风貌，但每个建筑的内部设计中，既注重满足现代化生活的需求，更充分展示了不同国家的文化元素。居住的外籍居民无一例外表现出对中国传统文化和市民生活氛围的欣赏和喜爱，同时也积极致力于本国文化的宣传，体现传统历史文化与国际化双重特色的融合共存。各种自发的国际文化交流活动时常在五道营胡同店内举行。外籍居民与原有居民毗邻而居，在日常生活中密切往来、交流互动，居民成立的老北京胡同戏剧班借用外籍老板的经营场所在非经营时段举行"胡同堂会"，外籍居民也积极参与社区组织的赈灾捐款、节日巡逻、公益宣传等活动。同时，租住或购买五道营胡同院落进行经营的外籍人士，对商业经营利润的要求不高，更多关注自身朋友圈内和与周边原有居民的文化交流、良性互动。这种居住需求和租住模式的多样性，使得五道营地区在增添国际化色彩的同时，仍然保持了生活化社区的风格，抑制了单纯商业性的过度开发。2010 年年初，东城区政府正式提出了打造"国子监文化产业生态区"的规划，提出逐步实现五道营胡同与国子监街、方家胡同的联动发展，力争使其成为北京市一条极富特色的新兴商业街，并邀请中央美院建筑学院制定《五道营夜景照明和文化标识方案》，对五道营进行文化元素增补，提升地区文化品质。

在对风貌保护区内的简易楼、旧厂房和胡同四合院进行开发利用方面，除采取培育文化创意产业、整体开发出售等方式以外，雍和别墅项目和五道营的模式值得学习借鉴。针对北京在世界城市建设过程中，涉外机构大量进入带来的外籍人士居住需求，开发针对高端人群的特色公寓和企业总部，丰富历史文化保护区的产业形态，实现历史文化保护区经济的“自我供血”和发展，不失为一种有益的尝试和有效的办法。该模式中，涉及的大多是私房四合院和废弃的工厂，在产权更换、功能置换中，市场机制发挥了主导作用，私房主、投资人是其中的主体，文化是其中的精髓和核心，体现了历史街区的文化和土地价值。

第五节 北京旧城土地再开发的问题与反思

2008年以后，北京旧城危旧房改造与历史风貌保护的矛盾并未得到根本缓解，居民日益强烈的改善居住条件的呼声与政府相对迟缓的政策支持和推进形成了鲜明的对比。

一、新时期北京旧城面临的困难

(一)平房四合院住房条件亟待改善

根据2010年人口普查东城区人口普查数据及对东城区居民住房状况的抽样调查数据[①]，东城区常住人口家庭户住房基本情况如下：一是大量平房年久失修。东城区家庭户住房建筑结构以平房和低矮楼房为主，平房占34.03%，又以旧城内历史文化保护区比例较高，如安定门街道(70%)、北新桥街道(79%)、交道口街道(82%)等。平房多为砖木结构，建筑年代早，改革开放前建成的占2/3，其中1949年以前建成的占29.95%，另有20.60%的平房在2000年以后翻新重建。二是平房的配套设施严重欠缺，无厕所(90.58%)、无洗澡设备(53%)、无厨房(28.33%)、无管道自来水(12.3%)的情况非常普遍，居民生活十分不便。三是居民住房困

① 合并后的东城区包括原东城区和原崇文区。抽样调查中，普查表长表按照全部登记户10%进行抽样的数据，按总家庭户常住人口80.2万人抽出10%为抽样数据，按常住家庭户总户数31.4万户抽出10%为抽样数据。(杨文玉：《东城区居民住房状况分析》，见北京市东城区第六次全国人口普查领导小组办公室编：《东城区第六次全国人口普查课题调研报告》，2011年)

难。人均住房面积普遍较小，人均建筑面积8平方米以下的住房困难户[①]占19%，这在历史文化保护区内尤其严重：安定门街道(国子监历史文化保护区)、北新桥街道(新太仓历史文化保护区)、前门街道(前门历史文化保护区)等区域有1/3的家庭人均住房建筑面积在20平方米以下。全区平房的人均住房建筑面积仅10.29平方米，明显低于楼房的26.93平方米。四是危旧房比例大。截止到2007年年底[②]，原东城区有平房面积约237万平方米，居民约6万户，直管公房(48.50%)约占一半，私房(28.16%)和单位自管房(23.34%)各占1/4强。全区虽然没有五类危房，但三、四类危房占了93%。

平房四合院大部分为公房，产权复杂，直接导致政策制定的交易成本上升，是阻碍其改善的主要因素。

(二)院内违法建筑多，破坏了土地管理秩序

北京旧城历史街区中，平房四合院内居民搭建违法建筑[③]的情况非常普遍。原东城区城管监督中心2004年10月至2008年8月确认违法建设的立案674件。2007年年底对全区491条胡同的违法建设情况进行调查，发现281条胡同存在不同程度的违法建设[④]。大量的院内违法建设产生于20世纪70年代，主要是为了缓解居民住房困难。近年来，由于旧城文化休闲产业的发展，出现了平房或新修缮后加盖二层、改变建筑外立面、沿街房屋开墙打洞和开挖地下室等问题，扩展空间，用于商业，这侵占土地资源，侵害了建筑

---

① 住房困难户：人均建筑面积20平方米以下。

② 王学勤：《旧城风貌保护、危旧房改造和人口疏散“三位一体”工作模式研究》，《北京城乡发展报告(2008—2009)》，社会科学文献出版社，2009年。

③ 违法建筑：按现行法律法规规定，违法建设是指无建筑工程规划许可证，未经审批私自搭建的建筑物、构筑物或其他设施；或虽有建筑规划许可证，但超出规划许可证内容进行的建设；或是逾期未拆除的临时建设等。

④ 生敏：《关于东城区历史文化街区违法建设问题的调研报告》，《东城人大研究》，2009年。

用地使用权，破坏了土地管理秩序，成为制约历史风貌保护和城市管理的难题，缓解住房困难与搭建违法建筑成为一种恶性循环(见图 14)。

图 14　北京旧城的大杂院

(三)旧城人口密度大，用地结构和社会结构不合理

原东城区各类用地中住宅用地所占比例最大，占总量的 33.8%，公共建筑用地、道路交通运输用地、公用设施用地相对不足，对产业结构合理布局形成制约。2007 年年底，旧城内户籍常住人口密度为 2.3 万人/平方公里，远远高于东京(1.4 万人/平方公里)、伦敦(1.6 万人/平方公里)和巴黎(2.1 万人/平方公里)等国际大都市中心城区，部分地区如玉河风貌区拆迁前人口密度甚至高达 7.5 万人/平方公里。此外，还有流动人口 17.4 万人。流动人口增长迅速使人口更加密集，加大了人口疏散的压力。

(四)政策支持乏力影响了人口疏散和历史风貌保护

据原东城区 2008 年针对社区居民和领导干部就旧城风貌保护和搬迁的认识和意愿的调查①，干部群众都认为现行的房屋拆迁政策存在着标准不统一、不透明和滞后三大突出问题；认为居民不愿意搬迁的主要原因是补偿款太低、无力买房，平房区生活便利、生活成本较低，居民更认为邻里关系融洽，故土难离。不愿意搬迁的居民大部分有购买同院房屋以改善住房条件的意愿(65%)，留住在原地区居民愿意进行房屋、院落调整(78%)。愿意搬迁的居民对货

① 资料来源：《“‘旧城风貌保护、危旧房改造和人口疏散三位一体’工作模式”调查问卷统计分析报告》，2008 年。

币补偿(27.14%)、政府提供廉租房或公共租赁房(25.14%)、政府提供公房(包括平房)置换(23.43%)、居民购买经济适用房、两限房或商品房(22.57%)等拆迁安置方式没有明显偏好，但对拥有住房的需求显然大于单纯的货币补偿。居民对货币补偿标准期望值明显高于干部的设想。可见，政策已经成为影响居民搬迁和历史风貌保护的瓶颈。

二、历史街区土地再开发的主要问题

回顾30余年来北京旧城改造的历程，历史街区保护更新过程中存在的主要问题有：

(一)现实复杂性与认识误区的问题

历史街区保护改造是一个相当复杂的系统工程，参与方较多、利益冲突较大，涉及学科较多、项目周期较长。如政府、拆迁户、开发商、拆迁公司、评估机构等不同的利益主体自身情况和利益诉求不同。在提高历史街区土地再开发效率，为历史街区发展带来活力和动力的同时，让各方利益都得到保障，各利益主体均满意，不是短时间能解决的事情。而且，历史街区的整治是一个不断完善、不断深入的过程，应是一种以逐步恢复街区历史传统风貌为目的，渐进式的整旧更新行为[206]。

有学者认为北京旧城大规模危改缺乏正确的价值观念、系统理论指导、整体长期的战略理念和合理明确的改造目标，片面追求经济利益忽视遗产保护[207]；认为北京市对该项工作的复杂性认识不足、对其目的性质认识不清、对其本质内涵认识不深导致改造模式简单化，没有形成完整、系统、一贯的改造思想，将历史街区的现代化建设变成了房地产开发[208]。

认识不足、误区较多是导致历史街区保护与土地再开发在开发模式、制度建设、融资方式和拆迁矛盾等方面产生问题的主要原因。典型的有：①只强调文物建筑的保护，轻视历史街区整体风貌特征和文脉的传承。认为为了城市发展只能将历史街区全部推倒重建。②过于强调旅游资源的开发，重经济效益而忽视保护的实质。

随着大批旅游者的涌入，历史街区原本脆弱的基础配套设施变得难以支撑，新开辟出来的停车场、绿地等设施加速了对传统街区的破坏[209]。③商业投资逐利往往会导致重视短期开发而忽视长远保护，过度的房地产开发、现代化商铺林立、现代与传统建筑景观组成较差、仿古建筑泛滥等问题屡见不鲜，严重破坏了原有的街区特色，对历史街区的保护带来了较大的负面影响[210]。④重物质空间形态、轻精神形态的保护。为了促进地方经济发展，把民居全部改成餐饮、娱乐、休闲、旅游等设施，全部迁出历史街区原居民，历史街区失去了传统的生活方式和习俗，原有环境中的社区意识分崩离析，也就失去了历史的灵性和"活"的灵魂，降低了历史街区的文化品位和城市活力，居民实际利益受到损害[211, 212]。⑤制定历史街区保护整治规划时仅考虑领导和专家的意见，反映规划师的意图，而忽视了传统社区居民的参与，导致社区居民只能被动接受，而不是真正以主人的身份加入到历史街区的保护与建设中来[213]。以上种种认知误区在一定程度上加剧了历史街区保护更新中存在的问题。

(二)短期经济利益与长期社会效益的制衡问题

历史街区是在历史延续中逐渐形成的，不仅保存着丰富的历史遗存，也是投资开发的黄金地段，在经济利益驱动下，历史街区保护不断面临挑战，保护与现代化建设的矛盾突出。西方国家曾经历了以开发商为主导的大规模城市历史街区土地再开发过程，其结果造成城市文化文脉割裂，城市文化价值遭到损害，这种以短期经济利益制衡长期社会效益的做法必然被摒弃。中国也正在经历着这样的过程，如 1990 年以来北京旧城的大规模危改。在经济利益的驱动下，开发商成为历史街区土地再开发的主要投资人，历史街区往往被改造或者重建成商业街，原本很有特色的历史街区越来越多地陷入了"千城一面"的状况，失去了原本传统的城市文化特色[170, 214]。为追求短期经济利益，旧城改造规模过大、速度过快，加上改造模式单一、规划失控，而且与新区开发缺乏有机结合，使之难以为继[215]。

(三)资金来源单一与缺乏公众参与的组织架构问题

中国的历史街区保护面临的最大问题就是遗产丰富而资金有限，由政府主导的保护与改造资金缺口大，因此大多是作为旧城改造的一部分，以房地产开发公司为主体进行的资金运作，开发商一定是要追求利润最大化，政府的作用就是出政策和土地。因此，这种单一资金来源必然会导致经济效益与社会效益之间的矛盾。同时，长期的规划体制造成社区居民与城市规划与建设的割裂，公共参与尚未形成一种制度。居民作为历史街区的主要生活主体，其本身参与历史街区建设的意识不够也不强，没有在历史街区开发与建设中发挥主体性作用。在很大程度上，居民脱离历史街区的规划建设与开发已经成为历史街区可持续发展的一种缺陷[216]。由于任何对历史街区的保护措施，都会对居民的利益产生直接影响，而在房地产公司、政府和设计部门为主体的街区改造组织架构中，当地居民只有接受的义务，而没有发表意见的权利[44]，从而导致一些社会问题的扩大和升级。

(四)功能混杂与缺乏产业支撑的问题

居住性历史街区的一个突出特点是多功能混合。由于优越的地理位置，各种经济活动，如商业、办公、娱乐、餐饮等都自发地融入历史街区。许多沿街建筑多在临街一面破墙开店，从事各式经营服务，使得街区充满着浓郁的生活气息和蓬勃生机。但这种带有纯粹的以经济利益为导向的自发性，又是使历史街区遭到破坏的主要方面，必须借助政府引导和统一规划设计，为经营提供更好的环境和条件，根据相关法律法规，规范在历史街区内的改造和经营，只有这样才能保护历史街区的整体风貌，激发居民的主动性和自觉性[201]。历史街区如果没有符合其历史发展规律和文化特性的规划，这种自发性的开发改造将加剧其功能的进一步混杂，而混杂的功能会阻碍了符合旧城空间形态的产业集聚和发展，土地及文化资源的价值不能得到充分体现，开发单位资金难以平衡，房屋开发“有价无市”，最终不仅妨碍历史街区的保护落实，而且阻碍支柱产业的形成，并影响居民生活条件的改善和提高[216]。当今红火的南锣鼓巷、烟袋斜街等北京著名的历史街区都存在这样的隐忧。

(五)街区社会结构变化与传统延续的问题

历史街区由于其自身功能和用地性质的限制，随着城市产业升级，原有布局在历史街区内的小制造业逐步迁出了历史街区，而一些为当地居民提供服务的第三产业，诸如餐饮、理发、修理、杂货店、集贸市场等却逐渐增多。业态结构和功能的调整必将导致历史街区内部人口结构的变化，因失去永久性制造业就业岗位的居民，一部分随着工作和居住迁移迁出了历史街区，而他们遗留下的房屋，被那些迅速发展的以流动人口为主的第三产业就业人群所替换；还有一部分年龄大、缺乏专门技能、受教育程度低的下岗失业人群，因无法迁移而继续留在历史街区。历史街区人口迁移的另一个极端是"绅士化"倾向，高端消费者取代街区原居民。这些就为历史街区的可持续保护提出了亟待解决的问题：是保护原住民的文化，还是用新移民文化替代？换言之，是用新的社会结构替换原有的社会结构，还是在一定程度上保持原有社会结构？答案是毋庸置疑的，历史街区概念和界定中都非常明确地规定要保持有一定数量的原住民，以维持历史街区的文化本底。因此，在历史街区土地再开发中一定要重视在更新改造中保留原有社会结构，避免大量拆迁户的异地安置，以维护稳定的城市社会结构[44]。

三、历史街区土地再开发的反思与建议

针对历史文化街区保护发展的现状、发展过程中出现的种种矛盾和问题，尤其是对北京旧城改造和典型案例的分析，学者、专家和管理者不断反思，总结经验、吸取教训，提出以下几点建议：

(一)重视外部环境的影响

旧城改造资金的来源主要为政府财政支付、银行贷款和私人资金投入等，而银行贷款和私人资金的投入受经济形势的影响较大，特别是我国的历史街区保护改造多借助房地产开发，但后者对经济

形势等外部环境的影响最为敏感[217]，使历史街区土地再开发深受国际形势、国家政策和重大事件等外部环境的影响。如亚洲金融危机、次贷危机对房地产的打击；又如，2008 奥运会对北京、2010 年世博会对上海城市发展的促进。为了迎接北京奥运会，北京市从 2005 年开始，安排专项资金、组织专门机构，大规模有计划地组织安排了针对历史街区街巷环境整治和危旧房修缮工程，直接推动了历史街区的改造更新和复兴。

(二)加强政府的宏观调控和政策协调

在对 1990 年以来北京旧城大规模危改的反思中，很多学者都认为政府主导发挥作用不够。有人认为北京市政府长期不重视、不作为，以区县为主的模式导致政出多门、利益导向严重[208]。有人认为市政府宏观调控不力，速度过快，却在理论、经济、思想、投资环境等方面准备不足，使规划无章可循导致全面失控[119，120]。有人认为北京市政府盲目下放权力，各区立项过多，造成土地闲置[200]。在 21 世纪以来历史街区保护与更新的尝试与探索中，北京市政府有关政策不明确、不配套，缺乏连续性，政府部门之间缺乏统筹协调①为世人所诟病，如“65 号文”关于直管公房上市交易政

① 如：政府自上而下的主导模式使市政府年度房屋修缮任务和资金平均分配与各区的实际情况不吻合，下达修缮指标与“申请式修缮和疏散”存在一定冲突。房屋修缮与各种市政工程交叉作业问题在同一条胡同，可能同时涉及房屋修缮、煤改电、市政改造等多个工程项目，主管部门、资金来源渠道不同使工程进度、工期要求等各不相同，各工程间缺乏统筹安排，造成政府重复投资，也给周边居民生活带来不便。又如：在房屋修缮手续的办理中，由于各区直管公房的产权管理人已由原区国土房管局变更为区房地经营中心，但房屋产权证并未变更，使“65 号文”中有关房屋翻建改建直接到规划、建设部门办理相关手续的规定难以执行，而现在沿用的基建项目手续办理程序中需要首先立项的要求得不到区发改部门的支持，导致直管公房修缮手续无法办理，或者只能是房屋原翻原建，无法结合区域规划改建。

策[①]、私房修缮补助[②]、修缮责任[③]等的政策。

政府作为城市建设管理的第一责任人，也肩负着历史街区保护的重大责任。应该更好地发挥主导作用，利用规划、政策引导协调各方资源，引导社会参与，实现城市的可持续发展。

（三）推动理论研究，鼓励创新

将传统意义上的旧城改造提升到现代意义上的旧城更新和复兴，从单纯物质性改造提升到对城市环境等的综合治理。针对历史街区更新的复杂性、不确定性，不能按照惯有思维模式和改造方式。北京市在开展大规模危旧房改造和为筹备2008年奥运积极开展环境整治和试点后，近几年来，市政府对旧城危旧房改造和土地再开发尚未找到合适的改造模式，历史街区的风貌保护和民生改善都没有实质性的改变，岁月流逝只能使情况更加恶化，社会矛盾加剧。

依据北京政治中心、文化中心的功能定位，将历史街区保护放在北京市整体发展以及世界发展大格局中（横向），放在北京历史发展的进程中（纵向）统筹考虑。根据“在利用中保护、在创新中传承”的原则，推动管理创新、理论创新、技术创新、实践创新，积极开

---

① 文件虽然明确了直管公房上市交易中，房屋过户手续的办理程序，但土地出让方式是“以房带地”还是“必须招拍挂”始终不明确，成为一个难以突破的“瓶颈”。外迁安置房源不够影响人口疏散，这在原崇文、原宣武两区尤其明显，百姓外迁积极性高，愿望强烈，但合适位置和价位的房源紧张成为制约因素，原宣武区采用的货币补偿方式造成的区财政压力很大，且疏散效果不明显。

② 文件虽然明确了3种情况下的私房修缮区政府应当给予补贴，但具体标准仍不明确，比如直管公房与私房不可分割的认定、私房特困户认定标准、补贴额度，以及单位自管房因单位破产或资金筹措困难无力修缮等情况缺乏实施细则。

③ 文件将房屋产权人作为保护修缮的责任人，承担房屋维修费用以及市政设施院内的费用，加重了产权人的负担。当产权人与使用人不一致时，影响房屋的修缮，如自管公房等。

展北京旧城保护性再利用，促进旧城的更新和发展，使之成为国际化大都市的重要组成部分[218]。

(四)引导公众参与

历史街区保护与开发不能侵犯居民的各项合法权益，使居民的日常生活受到干扰。各种保护方式和措施都要切实满足人的需要，坚持以人为本的原则符合时代人本主义的要求，才有可能产生高水平的历史街区保护行为[201]。

历史街区的保护性更新不仅与当地居民权益攸关也涉及社会公众利益。公众有必要、也有需求参与到保护目标、规划方案、土地征收、房屋拆迁补偿、住户安置、更新计划的执行、日后的维护管理等诸多方面的决策、监督中，这有利于加深公众对保护历史街区价值与意义的认识，增强保护意识和参与监督意识，变纯粹的政府行为为公众行为[167]，从而在全社会层面提升国民对历史文化遗产的认识，改变目前单纯“自上而下”的被动保护现状，实现多层次的有效互动，达到全民保护、全民参与的保护机制，提高历史文化街区的知名度，带动其相关产业的发展，达到保护与利用的可持续发展。

第四章

历史街区土地再开发的分析评价与管理优化

二战以后，无论是西方发达国家和地区，还是处于经济迅猛发展、城市化进程不断推进的中国，在经历了重建—复苏—更新—再建—复兴等阶段后，城市更新运动对城市历史街区土地再开发无疑造成了极大的影响。一方面，对历史街区保护利用采取土地再开发的形式是对其客观规律的认知成为一种共识；另一方面，各国各地区不同城市的实证经验也为历史街区土地再开发评价奠定了基础。纵观国内外历史街区土地再开发的相关研究，可以发现土地再开发是历史街区保护利用的有效途径和手段，更为重要的是，从城市管理的视角出发，历史街区土地再开发也是一种管理方式，是城市在精细化管理过程中必然要面对的问题。对于城市历史文化、社会经济、生活方式与资源综合配置的空间载体——历史街区而言，其土地再开发无论采取哪一种模式，最终都要归结于开发管理层面。本章在总结历史街区价值、强调土地再开发必要性的基础上，以中国和北京为切入点，分析历史街区土地再开发的典型特征，从正反两方面对历史街区土地再开发效应进行诠释，同时，紧扣北京旧城现状，总结梳理北京旧城在历史街区保护基础上的土地再开发模式，并分析了历史街区开发的动力主体及其利益关系，从而提出了优化历史街区土地再开发管理的六项基本原则，并对基于多元主体的土地再开发管理从法制政策、调控机制、开发形式和保障体系等方面提出相应的要求和建议。

第一节　历史街区土地再开发的价值体现

一、历史街区再开发土地的构成

为了满足城市化发展对土地的需求，城市采取扩展新区和改造旧区的方式。通过旧城改造，盘活存量土地资源是经济可行的选择。历史街区的土地因其利用类型的独特性而表现出一定的再开发价值。

概括起来，历史街区可供再开发的土地构成主要有以下三类：

(一)闲置用地

历史街区内的闲置用地主要是在历史建筑周边未开发的用地，一般是为了保护历史建筑，担心进行土地开发会对历史建筑造成一定的影响，如果经过详细调查后，证明闲置用地可以利用并且不会对历史建筑及其周边环境产生影响就有开发的可能。这类用地一般很少，多数也是已批建用地。还有少量已征用的土地位置较好，但因各种原因未动工或已拆迁却一直闲置①。

(二)用地功能需要调整的土地

随着城市社会经济的发展，历史街区所承担的某些城市功能不再符合当代城市发展的需求，一般常见的如旧城区内的工业厂房改造利用，加之一些房屋建筑遭受岁月侵蚀损毁严重，已经满足不了基本生活需要。所有这些改变都要求对历史街区现有土地进行再开发以适应不断发展的城市功能优化和居民生活质量与环境要求。因

① 根据2013年4月对各区县“征而未建、拆而未建”地块统计，全市共279处，总面积超过5800余万平方米，其中城六区220处，大多为危改拆迁项目。仅西城区菜市口西南角、东南角两个方位就有菜西危改小区和大吉危改项目的4块6.3万平方米。（王萍：《北京拆迁后撂荒土地5800万平，相当于80个故宫》，2013年5月27日。http://house.ifeng.com/industry/land/detail_2013_05/27/25740604_0.shtml）

此，调整用地功能，形成与周边用地及其环境相协调、与城市持续发展相协调的土地利用类型是历史街区土地再开发的主体。

对基于原有用地功能调整的历史街区土地进行再开发时，先要明确原有用地的权属关系。对于权属单一、产权明确的用地，最适宜用历史街区整体功能置换的综合开发模式，以实现在较短时期内启动完成，达到良好的再开发效果的目的。当然，这种类型的开发并不等同于完全重建，而是要认真调查历史街区原有用地结构所形成的空间形态与文化肌理的优势，并给予保留和挖掘，充分利用建筑物的文化价值，既保存历史街区的文脉，又节约再开发的成本。对于产权多元的用地，再开发进程要以小规模渐进式为主，分层分类进行规划开发，在保护历史街区风貌的同时，获取土地再开发效用最大化。

（三）具有开发潜力的土地

在历史街区再开发的土地构成中，还有一类就是可以通过提高土地利用效率，释放土地潜力的，如某些地段低层建筑改建为多层建筑等。这类土地再开发需要符合地方城市规划的相关要求，如建筑物控高、建筑容积率和密度、环境容量等。目前，在中国的历史街区改造中针对这一类土地再开发的工作占据主导，改建后的多层建筑在居民回迁后可以有效地改善生活环境，提高生活质量，同时可以减少因土地利用类型转变带来的审批麻烦，是房地产开发最容易介入的再开发模式，如北京旧城各种危改小区改建的类四合院；当然，有时这类土地也允许进行用地功能调整，变居住用地为商业用地，吸引第三产业置换，这时就与第二类土地合二为一。

除了以上三种土地构成外，对于一些建筑质量与环境品质差的土地，如北京旧城一些居民小区，房屋破旧、居民低收入者多、基础设施差，曾被划定为危改区，后来撤项，而且因位于历史文化保护区内而受到限制，一直未动。在进行历史街区改造时，首先要进行周边环境的整治，然后对房屋外立面及基础设施进行整体改造，以提升土地所在区域的吸引力，提高土地收益，进而提高土地潜在的开发价值[219]。

综上，由于历史街区土地再开发中的土地用途不同，其产生的利益增量也有所差异。一是改变用地功能，将传统居住功能转变为商业功能，提高了土地价格，这是增量最为显著的；二是通过对有开发潜力的土地增强开发强度，如平房四合院改多层商住楼，居住功能没有变，但居住环境改善了，容积率提高了，带来的土地增效也是显而易见的；三是在不改变土地利用性质和开发强度的前提下，增加在土地上的投入，获取差值带来的收益上升。典型的如大杂院改为高档四合院，在这一过程中，新、旧产权人的利益分配往往会造成土地收益的不公平，一般来讲，大多数原住居民通常都处于利益分配的边缘地位，只能获得相对较低的补偿，而少数开发商通过“低补高卖”获得大量的土地增值收益[220]。

土地增值的真正来源是土地本身作为一种稀缺要素本身的价值和历史土地特有的区位优势价值。历史街区土地的稀缺性和区位环境的唯一性决定了历史街区土地供给的总量和地块刚性大，面对大量城市经济活动日益增加的土地需求，历史街区土地本身就具有较大的增值潜力；土地的有限供给则使需求竞争更加激烈，推高土地预期收益。历史街区土地再开发就是不断寻找土地再利用的更好方式，从而不断挖掘土地潜在价值的过程。[147]

二、历史街区及土地再开发的价值

城市的历史街区都保存着一定规模和数量且较为完整的历史遗存，不仅具有城市历史上的典型风貌特征，还延续着社会结构，并仍然承担着一定城市功能。历史街区的这些特点是其具有一定的历史文化价值、经济价值以及社会价值等方面价值的体现。

(一)历史文化与艺术价值

城市发展是一个动态连续过程，历史街区所在的老城区正是沉淀了城市古老印记和城市精髓的地方。最能直观地体现历史街区特色风貌和整体街区历史氛围的就是里面的历史建筑，它能给人回到历史的感觉，这种历史沧桑感是现代新建筑所达不到的。

因此，历史街区内分布的诸多建筑，既有具有一定历史文化意义和较高艺术价值的建筑物，也有大量单个建筑价值一般，但作为历史街区整体风貌不可缺少的建筑物，还有一些承载了历史信息的珍贵艺术品，如东棉花胡同的砖雕等，它们共同构成历史街区文化肌理，其空间格局展现出强烈的艺术价值。一座拥有历史街区的城市，其悠久的历史、丰富的文物遗存与建筑、独特的街巷格局塑造了城市独特的名片，体现了城市某一时期的风貌，是城市特色差异的重要体现，也是城市魅力的载体，更是街区经济振兴的宝贵资源和文化休闲产业发展的重要基础。这种历史文化与艺术价值不该在历史风雨中消失，通过土地再开发保持和提升这种价值是非常必要的。

(二)经济价值

历史街区的经济价值在于它的稀缺性、有用性。具有使用价值是历史街区存在发展的基础。历史街区的经济价值集中体现在其作为城市功能的空间载体，承担着城市特定时期的某些功能，无论是产业功能，还是居住功能，均会产生经济效益，具有经济价值。从产业功能分析，历史街区是城市经济结构转型的见证者，从工业到服务业，遗留下来的建筑即使内部功能变化了，其外观和形式真实地记录着城市的印记，这本身就是一笔财富，是旧城区焕发活力的重要条件，如大栅栏街区的老字号。无论是发展旅游业、商业，还是文化创意产业和金融服务业，都是将历史街区的历史艺术科学价值转换成经济价值，同时，其占有的城市土地资源本身也是其经济价值的一部分[196]。从居住功能分析，以北京传统的民居形式四合院为例，四合院容积率低，对市政、能源、土地、交通等城市资源占有最不经济，作为已逝去的生活方式的产物，除了供餐馆、宾馆、会所等特殊场所使用和特殊人群居住使用外，已不适应现代生活的需要。对历史街区居住社区的改造具有社会效益和经济价值，其经济价值可通过对土地增量投入和改变投资环境来实现，这些都在一定程度上提升了历史街区的土地价值，增强了历史街区的竞争力。可见，无论是产业功能还是居住功能，两者都进一步说明了历史街区土地再开发的价值和必要性。

(三)社会价值

历史街区的性质和特点不仅取决于其建筑和空间特色，也取决于其经济社会功能、人口构成等多种因素。历史街区的社会属性就是指居住在历史街区的居民群体及他们所形成的生活方式和文化。国外早有学者认识到历史街区原住民在长期生活中继承的传统生活方式和民俗风情是历史价值的重要体现[221]，这种传承性将历史中包含的信息传送到现在。这些由活生生的人所继承的文化才是历史街区文化的根本所在，它远比物质性的文化遗存要长久和珍贵得多。只有接近或者走进原住民的生活中才能感受到具有地域特色的历史文化氛围，感受到历史街区厚重的文化积淀。正是历史街区中社会属性(人)和物质属性(遗存)相互的影响，才使历史街区在发展过程中得以保持高度的连续性，后者更需要由生活在当地的原住民的世代相传才得以留存。

必须认识到的是，对历史街区原有社会结构和社会属性的保存与保护，并不等同于让其停滞在某一个阶段不发展，而是要带动历史街区在城市进入现代化阶段时共同发展，原有居民与其他居民一起共同享有现代生活。因此，历史街区通过土地再开发，改善社区居民的生活条件和环境状况，增强居民的归属感和认同感，是历史街区保护工作的必然选择。

历史街区的土地价值突出表现为历史文化遗产的价值、区位优势和土地的有限性。在城市产业升级、结构调整中，历史街区的区位优势对工业、居住，尤其是对第三产业有较强的吸引力，土地的有限性有助于促使街区土地功能调整，发掘土地潜力，而历史街区因其自身的独特价值不仅吸引了有意愿出高价的购买者，更重要的是，历史街区成为城市文化特色所在和城市竞争软实力的重要组成部分，能激发城市的创造力和活力。

历史街区的价值决定了历史街区保护与再利用的价值和必要

性。一方面，保护是基于价值判断的历史继承。价值判断构成了保护工作的认识基础，是保护正当性和合理性的前提支撑。如果历史街区的原真性、整体性和风貌完整性得不到应有的保护，历史街区的价值就会丧失。另一方面，发展是实现历史街区复兴的现实手段和必然选择。[222]历史街区本身是不断完善的结果，只有通过历史街区土地再开发，并与城市功能转变、产业结构调整、经济发展相协调，才能挖掘城市发展潜力，增强经济实力，提高居民生活质量，促进文明进步，从而发掘土地潜力和提升土地的价值，传承文化，实现可持续发展。

第二节　历史街区土地再开发的特征与效应分析

一、历史街区土地再开发的特征

改革开放后，中国城市旧城历史街区土地再开发经历了 30 多年的探索实践，形成了如下特点：

(一)房地产开发导向成为主要模式

从计划经济体制向社会主义市场经济体制的转型过程中，受市场逐利和寻租行为的驱动，中国城市大规模的旧城改造演变成为一种典型的房地产开发活动。随着城市化进程的快速推进，房地产开发导向的土地再开发能在短期内有效地带动城市经济增长，在很大程度上使城市面貌发生改变，从而成为中国城市 30 余年来旧城改造更新的主导模式[115, 223]。

历史街区土地再开发的根本目的是保护历史文化遗存和改善居民居住条件，但是，以追求短期投资回报率和经济增长为主要动力的土地再开发模式，是以牺牲社区居民的使用价值来换取空间稀缺资源的交换价值，传统的大杂院被高附加值的高档四合院、商品房、写字楼及商业设施替代，原有社会结构遭到破坏，可以预见并已经表现：由于缺少对城市经济社会整体综合更新的基础，迅速上涨的房价致使置换后的社区居民难以在原址和周边地区购买或租赁房屋，城市中心区或内城的大部分居民被迫迁居至不熟悉的郊区，引发严重的社会空间分异和居住隔离等问题，增加社会不稳定因素；同时，减少的旧城社会资本和损失的文化资源，使得居民失去了可持续发展的能力[224]。

(二)地方政府角色的企业化倾向

中国的行政管理体制和财税分配体制决定了地方政府在城市发展以及历史街区保护中的角色定位。特别是随着中央政府对行政管理权力的下放，地方政府获得了更多的开发决策权和资源配置权。而中央政府在进一步减少对地方经济发展的直接财政分配后，鼓励市场运作和市场竞争，为激励地方政府加快经济增长创造了环境，提供了内在动力。基于此，中国地方政府在进行城市管理和开发时，更倾向于采用非中心化和市场要素综合的企业化管治方式[225]。作为城市经济社会发展的重要行动者，地方政府自发地将其行为和角色从之前的行政主导，向企业化及经济合作者倾向转变，从而对历史街区的土地再开发模式产生极大影响。除此之外，基于各个等级规模的城市之间的竞争发展，以房地产开发为导向的土地财政，均在不同程度上刺激着地方政府的决策。在全球化造成的扁平世界内，各级政府引来了鲜明的竞争时代，城市及其空间资源日益成为地方政府以行政干预手段进行直接、有效组织的重要竞争元素，也是“政府企业化”的重要载体[226]，因此也成为地方政府间争夺资本、吸引投资的重要砝码。

政府身兼保护政策制定者和执行者的双重身份，同时还作为最大的企业法人进入具体的市场竞争，使监督角色缺位，导致决策失误，最后造成遗产破坏。政府利益无法保护弱势群体，保证公益事业。中国政府较强的自上而下的执行体系与较弱的横向协调难以形成有效的网络控制调节体系，使有效监督缺失、权力过分集中，决策体系具有随意性、偶然性等非程序特点，决策主观性强，其他社会力量更难以参与。

(三)多元化主体利益角逐导致冲突强烈

旧城改造源于解决住房困难，但由于认识不足、定位不准、目标单一、方式简单化、缺乏理论指导，实践中涉及多方面、多主体、多种利益冲突，又面临经济体制的转轨。

从城市土地再开发的组织层面看，市场化模式下的土地再开发造成多元利益主体对历史街区再开发土地和空间资源的竞相角逐，多元利益主体之间的矛盾冲突日益显著和激化，在城市内部直接导致多元利益主体通过功能布局优化，重新定义、划分和配置城市空间资源。而作为旧有社会运行体制在城市空间上的投影，旧城区也面临着前所未有的冲击，仅仅由“拆迁”所引发的众多群体事件和社会事件，就反映了当代中国在历史街区保护更新中所面临的复杂问题和尖锐矛盾。

当前的土地再开发多是以土地价值最大化为主要目标，因此，投资和对土地利用具有决定权的主体成为左右土地再开发的两股重要力量，而与土地再开发紧密相关的居住在历史街区内的社区居民却没有话语权，对街区的土地再开发决策过程几乎没有居民的参与。同时，市场操作体制的缺陷与监督机制的缺乏，使开发商独享高额利润，而社区居民在拆迁安置过程中，失去原有社会网络和生存基础，无法分享到由原有土地增值带来的收益。居民既没有决策权也不是投资主体，居民诉求在收益分配和资源再配置时被忽略成为必然，居民只能采取或消极或强力的方式抵触、不配合甚至对抗，土地再开发过程忽视收益分配的公平性，进一步加剧了社会阶层之间、不同群体之间的差距[224]。因此，公众参与对历史街区土地再开发而言至关重要。

(四)法律法规不完善导致土地再开发规划控制的失灵

历史街区的保护和土地再开发是一项长期的系统工程，涉及社会经济发展、基础设施配套建设、历史文化遗产保护、居住环境改善等多方面的工作，需要明晰而强有力的法制保障。中国现行的文物保护法主要关注文物保护，缺乏对遗产利用的考虑和对历史街区的保护利用的规范。城乡规划法不能充分体现社会主义市场经济体制下城市发展动力、利益主体及其价值取向和行为方式的多元化现状，不能适应政府职能转变的需要，对历史街区保护条款不具体，可操作性不强，涵盖面不广[212]，内容上偏重技术管理和规划编制，忽视规划管理、操作程序、监督检查、法律责任；规划的编制和实施过于强调政府行政部门的责任，没有将公众参与、多部门参与作为法定程序，使规划决策机制相对封闭、规划监督机制相对薄弱；对于违法行为的处罚规定较为原则、处罚偏轻，可操作性差、随意性大、违法成本低，更加导致违法建设行为屡禁不止，严重损害了规划的权威性和严肃性。同时缺乏对公众利益保护的足够重视，对历史文化遗产、社会弱势群体等保护不足。依照我国现行的城市规划编制，涉及历史街区规划的只有历史文化名城保护内容，目标和内容都稍显单一，目前还没有将历史街区作为一个系统编制综合规划，多数土地再开发是以房地产项目和街区基础设施改造等项目进行立项审批和建设。而从城市规划出发，考察和控制规划对历史街区土地再开发合理性的管理作用显然是先天缺失。西方国家实行的社区规划和地块规划是非常值得我们借鉴的。实践中，20 世纪 90 年代蔓延至全国的旧城大规模危改正处于历史街区保护思想发展的初级阶段，政府和社会对历史街区保护的认识不足、手段有限，规划跟不上过快的城市建设速度，导致规划屡被突破、商业房地产开发过度、城市历史风貌尽失，如北京大体量的东方广场对故宫的影响等。

以上四点基于历史街区保护形成的城市土地再开发特点，是对其再开发效应分析的基础。

二、历史街区土地再开发的效应分析

从中外城市旧城区改造更新的历史中可以发现，城市旧城区最危险、最容易被毁掉的时期是经济有了一定发展、保护思想已经萌芽但财力有限的时候。在意识到了保护重要性的同时，又担心将有限的财力用于保护会影响经济发展，失去将来发展的条件和基础，而且为了节省成本和时间往往简单化处理，一拆了之，加剧了城市旧城区的破坏。现阶段，中国历史街区的保护现状在多因素影响下大体分为三个层次：一是东部经济发展水平高、处于富裕阶段的地区，在城市经济发展的早期，历史街区也遭受了破坏，但随着经济的快速发展，在经济和技术上开始有了一定的优势，历史街区已经度过了以拆为主、腾地搞建设的阶段，保存下来的历史遗迹以历史街区的形式成为重要的文化资源得以保护，并将成为以文化为主轴调整发展战略的基石。如周庄、乌镇等江南小镇的开发模式使历史街区成为经济发展的助推器。二是中东部经济发展水平一般的地区，如河北省、山西省的一些历史城市，由于历史街区都比较分散，加之强大的发展压力和经济利益的驱使，历史街区环境破坏较为严重，尽管保护意识在提高，但保护的科学性和持续性不足，建设性破坏和不合理的发展方式都将影响历史街区的保护与改造。如大同大规模拆建的城市建设引发的争议。三是中西部欠发达地区。由于经济发展相对滞后，交通不便，受现代化生活冲击小，往往保留着大量的历史建筑、历史街区。但这些地区的历史街区和村镇也面临着经济低下、基础设施差、建筑物破旧等诸多现实问题[214]。

以北京为例。纵观改革开放以来北京旧城改造的历程，历史街区保护理念的萌芽和发展与历史街区的破坏同时存在，相互交织，历史街区的土地再开发对城市发展、人民生活产生了深远的影响。

(一)正面影响

1. 缓解住房困难，改善街区环境

在历史街区保护中，历史建筑保护并非其全部内容，最根本的还是保护住在里面的人，民风习俗在原住民的世代相传中保留下来，历史街区就在这种联系中保持着原真性[77]。因此，只有贯彻以人为本的理念，不断改善街区市政和公共服务设施，合理地控制和调整居住人口密度，增加居民的公共活动场所和开放空间，切实改善居民的生活环境，提高居民的生活水平，才能减少街区保护与现代生活需要之间的矛盾，得到居民更多的支持和理解[227]。

从 20 世纪 90 年代开始到 21 世纪初，持续十余年的大规模危改改善了居民生活条件。以北京旧城①为例，40 万居民缓解了住房困难，户居住面积从不足 20 平方米增加到 70 多平方米；危改与道路及市政设施的改造结合，使多条道路得到改建与扩建、城市基础设施得以改善，对于提高周边地区居民生活质量和城市运营能力和地区经济能力起到极大的推动作用；危改拆除了大量违法建筑，留下了广场绿地等公共空间，增加了市民活动场所。21 世纪以来的历史街区改造和更新、政府主导的各种修缮工程进一步改善了居住条件，文化创意产业落户历史街区更使居民因土地升值而受益。

旧城土地的再开发不仅仅是为了挖掘土地的更大价值，更重要的是要与今后城市的长远发展结合起来，实现城市经济、社会、环境等综合可持续发展[228]。因此，在土地再开发的过程中，为了增加历史街巷的投资吸引力，改善投资环境是首选，这包括两个方面：一是通过产业置换，将附加值低、不适合在历史街区布局的产

---

① 据北京市建委统计，北京市 4 城区自 1990 年开始危旧房改造工作到 2004 年 9 月，原东城区共立项 58 个危改片，总占地 684.72 公顷，为全区面积的 27%；涉及居民 10.69 万户 35.79 万人，占全区常住人口的 55%；截至 2003 年年底，已拆迁安置居民 6.06 万户；58 个危改区中，竣工及基本竣工 21 片，在施工或已启动拆迁 10 片，前期手续办理过程中 18 片，长期停滞计划撤项项目 9 片。原西城区共立项 66 个危改片，已竣工 17 片，在建 29 片，未启动 20 片；累计拆迁安置居民 8.2 万户，拆除危房约 200 万平方米，新建房屋 550 万平方米，有 300 万平方米房屋正在施工中。原宣武区自 1988 年开始大栅栏地区东南园小区危改试点项目，全区共立项 65 片，总占地 733.15 公顷；已竣工 26 片，在建 23 片，未启动 16 片；累计拆迁建筑 42 万平方米，新建住宅 185.07 万平方米，新建公建 108.74 万平方米，有 661.05 万平方米房屋正在施工建设中。原崇文区共立项 64 个危改片，其中已竣工和在建在拆的 46 片，未启动的 18 片；累计拆除危旧房屋 175 万平方米，涉及居民 63660 户，其中共回迁 19985 户。截至 2003 年年底，全市累计开工改造危改小区 279 片，拆除房屋 488 万平方米，竣工 65 片，竣工面积 2419 万平方米，动迁居民 40 余万户，投入危改资金 1000 多亿元。

业置换出去，将附加值高、无污染的产业置换进来，以吸引相关和相近产业在历史街区集聚；二是通过对公共空间的绿化和美化，增加设施配套，提升街区整体的舒适性和便利程度。

2. 促进功能更新，优化用地结构

随着城市的发展，占据城市中心区的历史街区因社会经济的进步与发展毫无例外地面临原有功能更替的困境。以北京为例，在新中国成立后，城市性质由原来的消费城市向生产城市转变，旧城内新增了大量工业企业，这些工业用地在进入21世纪北京城市发展转型后，难以适应城市产业结构升级需求，北京提出建设中国特色世界城市目标，旧城以及历史街区功能向文化和高端服务业转化成为必然选择，而依照城市土地经济原理，通过土地再开发对历史街区原有用地功能进行调整和更新，则是顺应城市发展的客观规律，促进城市的可持续发展。

在城市发展演变的历程中，一些历史街区要保持原有的完整街区结构已经很难，特别是对于那些单纯的以居住功能为主导的历史街区，用地性质发生了多次转变，一些不合理的、对居住街区的完整性造成破坏的、不符合城市要求的用地形式，因历史原因也长期困扰着城市的综合治理，如一些私搭乱建的违法建筑等。因此，通过土地再开发，对这些不合理的用地结构进行调整，帮助街区重新恢复带有历史和文化印记的街巷结构；通过土地再开发促进历史街区市政改造和建设，适时增加历史街区的道路广场面积和公园绿地等开敞空间。通过合理调整城市用地结构的土地再开发，极大促进了城市内部用地结构和空间结构的优化[114]，提高了历史街区土地经济、社会和生态的综合效益。

通过旧城土地功能调整，可以实现城市内涵式发展。典型的单中心向心式土地开发利用形式会造成交通压力，在居住为主的历史街区发展小型商业、办公、服务等配套设施，可以为居民提供生活便利，增加居民和外来人口的就业，实现居住和工作的平衡，有利于缓解交通压力，优化城市空间结构。用地功能多样化还有利于综合开发利用土地和空间，疏散人口，将物质性的改造转变为复兴发展城市整体机能，调整城市内部组织系统、功能、交通结构[229]。

3. 提升城市品位，促进文化传承

伊利尔·沙里宁曾在《城市——它的发展、衰败与未来》中说：“让我看看你的城市，我就能说出这个城市居民在文化上追求的是什么。”历史街区保护既能较好地展现传统风貌、生活习俗、邻里关系和空间氛围，促进城市的历史延续和积淀，又能通过土地再开发，运用现代技术手段营造各种满足现代居民需求的物质空间环境，丰富城市生活的多样性以及文化多元性，提高城市的文化品位，推动社会进步，体现全面发展的思想。

作为城市文化的载体，历史街区因生活在其中的人的活动而充满活力。因此，历史街区更直接表达了城市文化是一种生活方式的理念，具有不同价值观和生活观的人群集聚在历史街区，组成多元文化的有机融合，进而形成一种独特的文化符号体系。与此同时，城市的发展、人口的演替，使得历史街区原住居民的某些生活方式也发生了改变，需要有相应的载体进行承接和延续。因此，土地再开发在城市文化传承和发展进程中发挥着提供空间载体的重要作用。例如，在历史街区内，通过土地再开发，增加包括物质和非物质文化遗产的文化展示用地，结合旅游业，可以有效推进历史街区的发展[230]。

在新一轮城市转型中，城市文化遗产以其稀缺性、独特性而成为创意产业的最好载体。创意产业推动了历史街区保护，不仅给历史街区保护提供了经济助力，而且推动了历史街区的动态保护机制[231]。如北京以 2008 年奥运会为契机，借助文化创意产业的发展，使北京旧城的历史街区保护与土地再开发进入了全面发展的新阶段，涉及面更广，更加注重土地利用的结构调整、功能转型和利用效益，重在挖掘、提升历史街区土地的综合价值。在历史街区的保护和复兴中，更加强调历史街区与城市发展的有机结合，更加强调历史街区的人文特点、功能转换和公众参与，历史街区的保护与复兴成为社会各界的共识。

4. 带动经济发展，提高城市竞争力

历史街区保护和开发再利用增加了固定资产投资，促进了建筑业和房地产业的快速发展，拉动了地方 GDP。拆迁产生了对安置房的新需求。历史街区一般都在老城区的核心地带上，有良好的商业氛围，通过土地利用结构调整，将部分危房改建成商业、文化旅游产业，可迅速提升街区的商业竞争力，从而带来可观的经济收益[232]。例如，“上海新天地”就是在历史街区的基础上改造成了集餐饮、商业、文化、旅游于一体的历史文化商业区。

随着城市间的竞争从单纯的经济竞争转向经济、文化等综合化、多样化竞争，通过历史街区保护形成自己的文化特性与城市个性，发挥文化的辐射力成为提升城市竞争力的重要途径和关键环节。城市经济的特点是以第三产业为主体，强调高端人才、高新技术和研发转化，金融保险咨询和商务办公占据经济空间的主导，城市文化不仅是城市的形象和名片，也是城市竞争力的重要指标。纵观世界城市的发展，不难发现，城市等级高、经济发展好的城市，其对历史街区的保护利用也值得借鉴，典型的如巴黎、东京；更有一些城市，通过对历史街区的土地再开发，转变了产业结构，改变了城市形象，推动了城市的发展，如在本书第二章介绍的美国查尔斯顿市。因此，立足于城市独有历史文脉的历史街区土地再开发，因其全力延续的城市历史文化，在此基础上突出个性和品位，使城市软实力得以提升，进而带动历史街区的经济发展。

(二)负面影响

从 1990 年开始的北京旧城的大规模危改，动因是缓解旧城区居民的住房困难、改善居住环境和疏解过密的人口。但是，随着社会主义市场经济的发展和危改工作的开展，危改规模逐渐从点状(个别简易楼、四合院等)、带状(一条胡同等)向片状(几个街区，数条胡同)扩展，改造模式逐渐从精心试点、考虑风貌向成片整体拆旧建新的“推平头”演化，改造对象从旧城外和旧城边缘地区的危旧平房、简易楼向旧城中心区，甚至是向历史街区的平房四合院延伸。旧城土地价值和危改项目的巨大利润成为各方关注的焦点，经济导向造成大量胡同四合院消失，破坏了胡同肌理、街区景观和城市轮廓线，严重影响了古都风貌；原居民外迁和高端消费者的迁入，没有达到疏解人口的目的，反而改变了街区原有的社会结构和人文氛围。大规模危改使旧城改造和保护的矛盾越来越突出，负面影响越来越明显。

1. 畸形的土地开发利用加重了旧城压力

旧城内土地资源有限，中心区功能集聚，人口密度大，市政基础设施条件差，畸形化的土地开发利用使大量商业、办公、金融建筑随危改涌入旧城，旧城承载功能增多，不仅带来严重的交通拥堵，还造成旧城整体环境进一步恶化。土地资源再利用功能不合理，加重了旧城压力[2]。在旧城历史街区开展文化创意产业，不论是创意商店、美食，还是文化娱乐产业，或是"胡同里的工厂"、"弄堂里的工厂"，成功与否取决于其地理位置、存量资源等情况，这就决定了这种文化创意产业的开发必然是小规模、无序状态，与民居、办公场所、社区网点等混杂在一起，不仅给街区交通、停车、卫生、环境等造成很大压力，更不利于土地的集约化利用和开发。

同时，土地投机和土地闲置现象严重。危改用地"先划拨，后出让"的土地政策①使不少开发公司以危改名义无偿获取大片危改区土地后，转手倒卖"建设用地批准书"以牟利；有的房地产商以合作改造的方式，将危改区的土地转为他用。旧城土地供应量远远超过当时的开发能力，造成大量土地的积压和闲置。

2. 经济导向的土地利用模式损害了旧城历史风貌

以开发商为主体的危改模式使开发商为了得到超强度开发的巨额利润，往往采取"推平头"的方式，追求高容积率、大体量高层建筑，导致旧城内的城市总体规划遭"全线突破"。开发商直接破坏文

---

① 北京房地字[93]第534号文规定："对于危旧房改建区和大面积开发区的建设用地，拟全部采取划拨方式，一次拨给开发建设单位，待拆迁完毕后，在有偿出让的地块开工前，经评估后再办理土地出让手续。"

化遗产、以“易地迁建”为名破坏文物的行为屡禁不止，老房子与传统四合院遭到大面积拆除，新建筑缺少城市设计，北京旧城的整体风貌和城市特色遭到破坏。土地利用的平衡点明显偏向经济利益而并非文化利益和社会发展的长远利益，预期的“危改与古都风貌保护相结合”落空，土地再利用价值失衡造成建设性破坏。

近年来，旧城历史街区纷纷变身为文化休闲特色街区和文化旅游景区，过度追求经济利益，导致街区过度商业化，产品雷同，缺乏创意，可持续发展能力不强。如关于北京什刹海的定位：历史文化保护区、传统居住区，还是旅游景区，曾经引发全社会的热烈争论，虽然后来以控制旅游规模、规范“胡同游”、整治旅游秩序收场，但什刹海的商业化趋势已无法阻止。以旅游业为主导产业的历史文化保护区无一能幸免于过度商业化对历史街区价值的侵蚀。

3. 不合理的土地资源再配置导致旧城人文环境削弱

在大规模的旧城改造中，大规模的市政建设和无序开发蚕食了历史街区及其中的历史建筑。在经济导向的土地资源配置过程中，高收入者愿意为历史街区独特的生活氛围付出高于一般地区的价格，低收入者愿意以较高的补偿价格离开历史街区以换取生活条件的彻底改善，“绅士化”作为一种市场行为，造成了社会隔离。[233]虽说城市旧城区社会隔离是贫富差距加大、社会分层现象的必然反映，但是积累到一定程度就会激发社会矛盾，甚至引发社会冲突。

在历史街区改造中，大量原居民的动迁造成传统居住文化圈被冲破，历史街区在长期历史积累和文化沉淀下形成的生活方式，以及独特的街区文化中的邻里关系被打破，蕴含其中的生活伦理准则、行为规范和生活资源分配原则以及众多的历史意象和人文信息消失。旧城的土地再开发打破了原来的邻里关系和交往空间，历史街区的快速更新造成人文环境的急剧改变和人文环境削弱，短时间内又很难建立起新的居住人文环境，导致社区结构衰退，人们普遍缺乏认同感和归属感。[234]

4. 不协调的土地利益再分配影响社会和谐稳定

城市旧城危改区居民生活环境落后、基础设施条件差，安全、消防隐患严重，成为低收入者等弱势群体聚集之地。政府缺乏针对旧城历史街区危房改造的特殊政策，对于旧城房屋保护与更新的方法、操作程序、搬迁与产权政策以及公共基础设施实施标准、市政交通和管线设施建设等方面缺乏统一规范和配套并可操作的设计和实施办法，使旧城的危房始终未能得到修缮和更新。在旧城土地再开发中，居民的利益没有得到充分考虑，突出表现是拆迁安置成为矛盾焦点。拆迁补偿的标准，安置房的保障、区位、配套设施等影响到居民的切身利益。改建后的住宅通常标准较高，超出居民的承受能力，中低收入人群成为人口疏散的主体。政府提供的安置房源不够，安置房屋存在不同程度的质量、房屋产权问题，一些外迁安置小区居住条件不配套等拆迁安置方面的原因使旧城人口疏散一直得不到有效解决。外迁居民工作生活不便、支出成本费用上升，出现困难群体生活得不到改善，甚至拆迁致贫、致弱等情况及强制拆迁也时有发生，动迁和回迁中居民利益未能真正得到保障，易积累社会问题。[207, 215]

一些历史遗留问题成为土地再利用的瓶颈，如“经租产”、“标私户”、居民邻里纠纷等。在房屋修缮中，特别是在公私混合院落中，部分私房户对政府主导、主要针对公房的修缮工程政策有怨气，居民阻挠施工，影响工程进度和居民按时回迁的现象在旧城普遍存在。

第三节　历史街区保护的土地再开发模式梳理与评价

通过对历史街区土地再开发的价值体现和必要性阐述，分析其特征、问题及其影响，总结和梳理土地再开发模式，为历史街区土地再开发管理工作优化奠定基础。

一、“政府主导型”的土地再开发模式

政府在历史街区更新改造中起到了不可替代的主导作用[235]。

政府对城市历史街区更新的干预，更有利于从宏观上把握历史街区更新与城市整体发展的关系，从城市实际出发，避免片面追求经济利益最大化，从而保证了街区的环境品质和文化品位，对城市历史街区的更新起到了积极的推动作用。其干预城市历史街区更新主要通过以下两种方式：一种是对开发商提出建设条件和要求，保证街区品质，如苏格兰格拉斯哥商业城街区更新和上海“新天地”项目中政府所扮演的角色；另一种则通过政府下属的城市投资公司进行建设，进行更直接有力的干预，如宁波江北岸外滩有机更新和杭州中山中路综合整治中政府所扮演的角色。

“政府主导型”模式的特点是土地再开发的控制权掌握在政府手中，在用地功能上强化居住功能，项目实施主体不是房地产开发商，改造区域的住房全部或大部分用于居民回迁，不进行或少量进行商品房开发。该模式的组织框架如图 15，即先由政府出面组建下属的旧城改造发展公司(指挥部)，该公司由政府授予行使政策执行和实体开发的特殊职能，但该公司不是营利性公司，而是非营利性公营事业机构，指挥部由政府各相关部门主要领导和管理人员组成决策层，再由政府为其向金融机构提供融资担保，取得历史街区土地再开发的启动资金，统一规划、统一改造、统一开发。

该模式有利于对包括市政基础设施在内的建设统一规划、统一实施，一定程度上降低了成本；政府直接决策参与，建设周期短，成效快；具有公益性，能兼顾居民需求和街区发展，容易取得居民的信任和配合。不利的是，由于是政府行为，缺乏市场运作机制，会导致土地再开发的低效益，而且，一次性投入太大，仅靠政府资金难以支持。一般来讲，这种模式主要用于城市旧城改造的早期阶段，如政府包揽型的北京前三门地区的危改。但对改造地区情况复杂、改造难度大、涉及城市核心地区进行整体更新改造时依然采用这种模式则并不适合。北京在前门大栅栏地区的改造中，就沿用了这种政府主导的模式。结果在实施过程中政府融资，承担了极大的担保风险，而政府初期设想的居民自主选择安置方式等在实践中却让位于经济利益，居民的权益并未得到有效保障；修复后的商业街，传统老字号因经营成本大幅度提高而被挤出，削弱了地方特色和文化氛围，虽然吸引了大量旅游者但消费不足；街区的可持续发展仍成问题。近年来，北京旧城拆除违法建筑、整治环境、建设公共绿地和活动空间采用的也是这种模式，如皇城根遗址公园①、明城墙遗址公园②、北二环城市公园等。

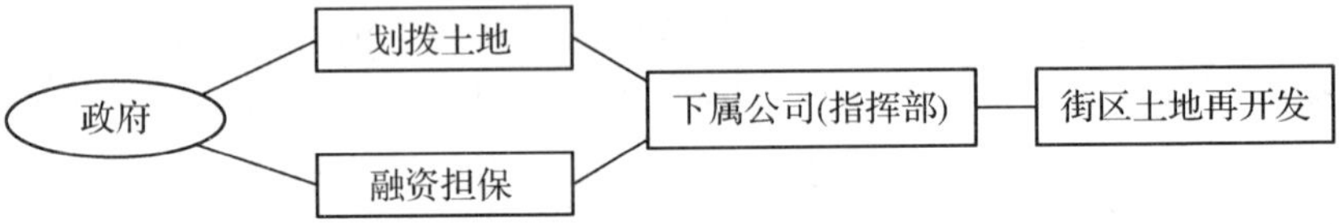

图 15 “政府主导型”的历史街区土地再开发模式

二、“开发商主导型”的土地再开发模式

“开发商主导型”模式正好与政府主导型模式相反，即在旧城历史街区改造过程中，土地再开发权利完全交付开发商，由开发商进行整体规划和建设，政府并不参与其中。该模式的组织框架如图16所示，即政府根据城市发展需要，并在一定程度上遵循城市总体规

① 皇城根遗址公园：位于紫禁城和王府井商业街之间，全长2.8公里，宽29米。工程于2001年9月竣工，包括三处明代皇城遗址的修复、公园绿化等内容；总投资8.5亿元，拆迁居民900多户，单位270多家。公园总绿化面积7.5万平方米，园内绿化率达90%以上。(《北京百科全书》编委会编：《北京百科全书·东城卷》)，北京：奥林匹克出版社、北京出版社，2001年，第173页。

② 明城墙遗址公园：现存2处明代北京内城城墙之一，位于北京站东街北、崇文门内城东南角楼之间。整治前南区(原崇文区部分)是北京仅存的棚户区，城墙角下居住着2600余户居民、46个单位和各式楼房19栋，其中500余户居民住房、20多个单位用房直接建在城墙上。2001年，市政府拨款8亿元用于腾退搬迁和绿化建设。公园规划面积15.5公顷(明城墙遗址3.32公顷)，2002年国庆节前对外开放。中共北京市崇文区委党史资料征集办公室编：《北京崇文改革开放30年纪事》，北京：中央文献出版社，2008年，第317—320页。

划的相关内容，划出地块由开发商进行投资，开发商自筹资金，独立承担地块的拆迁补偿、安置、回迁和商品房建设。上海“新天地”即是采用此模式。

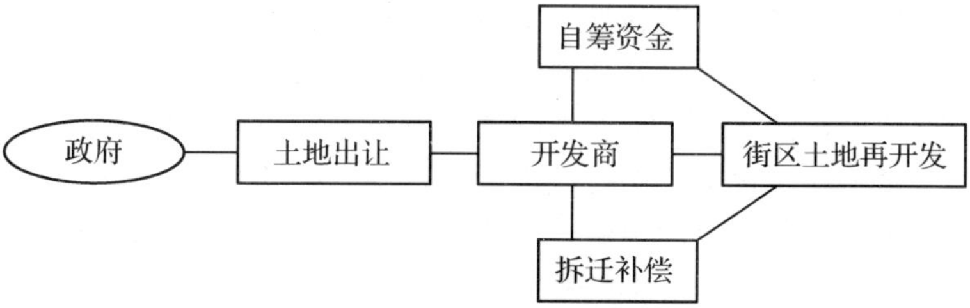

图 16　开发商主导的历史街区土地再开发模式

这种模式的优点是灵活性较大，政府负担小；开发商的逐利本性使土地的使用价值大幅提升，有利于产业结构和经济结构的调整。不利的方面主要是，由于缺乏政府的统一规划与引导，开发商完全主导的市场行为使历史街区改造更新中的居民需求以及一些社会效益方面很难体现政府的价值观。同时，由于开发商的资质和实力以及市场诉求不同，土地再开发的整体品质难以得到保证，特别是对于公共空间和生活适宜性方面缺乏统筹安排，而且因为是开发商的市场行为，即使是在城市总体规划对用地进行审批的情况下，仍然存在用地功能与历史街区文化肌理不相符的地方，不仅影响历史街区的保护，而且可能对城市总体规划的某些限制标准造成极大影响。受外部经济环境和国家宏观调控政策影响大也是一个不利因素。北京在 20 世纪 90 年代大规模危改阶段大多采用这种模式，“东方广场”、“金融街”、“新世界”和“庄胜崇光”等由外资开发成大型综合性商业设施，这些大体量、高容积率的建筑群开发，影响到对北京二环以内建筑物高度的控制。海运仓、交东小区等大型危改小区也成为历史街区改造的败笔，破坏了旧城整体风貌。因此，对于这种开发商主导型的土地再开发模式，不适宜历史街区原有肌理保护和可持续发展需要，政府要加强干预的力度，注意保障原住民的合理权益，维护公共利益和社会公平。

这些由开发商主导开发的地区一般都具有良好的区位优势和便捷的交通优势，往往是传统的商业街区或商住混合街区。当今文化已成为全球性的财富资源，成为提升城市中心区活力的重要基础，以文化旅游、文化创意为导向实施街区复兴正当其时。以该模式进行土地再开发时，政府要加强干预，引导和促进开发商在发展文化旅游产业时，注意寻求文化上的认同与符号，如里弄文化、胡同文化、工厂遗存文化等，保持城市中心区特有的场所感和认同感，这正是城市魅力和活力的根源；在发展文化创意产业时，积极促进文化资源、创意思想与资本的融合，如上海利用旧工厂，依托废弃的旧工厂厂房，发挥创意产业的潜在优势，带动周边开发，刺激服务需求，推动产业结构优化，而且延续了城市文脉，获得了经济效益和社会效益[156]

三、“政府主导＋开发商参与”型的土地再开发模式

“政府主导＋开发商参与”型模式，是介于政府主导和开发商主导之间的过渡模式，它是由政府主导、开发商参与开发和市场运营的土地再开发模式。该模式的组织框架如图 17 所示。一般由需要更新改造的历史街区所在地方政府和上级政府共同做好再开发地区的居民搬迁安置工作，对再开发土地以招、拍、挂的形式进行使用权出让，再由获得土地出让权的开发商组织进行设计、建造和运营，政府在这一过程中为开发商提供资金担保，并提供一定比例的拆迁补偿费用。

这种模式主要特点在于土地再开发的执行是建立在政府公共部门与开发商协议的基础上，使用行政与市场两种手段进行联合开发。优点是在一定程度上解决了政府因缺乏市场运营经验和信息不对称带来的低效问题，也缓解了开发商在拆迁安置过程中的压力，同时政府对开发商的一些过度行为进行监督；不利之处在于这种模式依然忽略了居民在历史街区土地再开发事件中的意愿，缺少公众参与，由开发商主导的开发行为在某种程度上还是损害了历史街区原有居民的利益，也没有完全体现历史街区保护利用所追求的经

济、社会、环境协调可持续的目标。该模式类似于西方旧城更新中的公私合作关系。

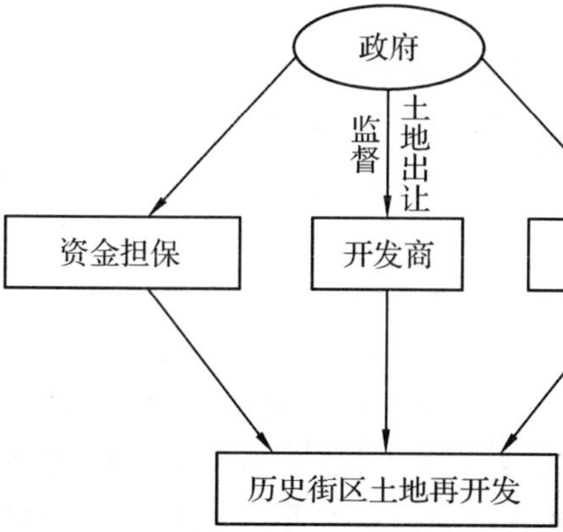

图 17　“政府主导＋开发商参与”型的历史街区土地再开发模式

四、“政府＋开发商＋公众”的多元主体土地再开发模式

多元主体开发模式是目前国内外较为流行和被看好的土地再开发模式如图 18。该模式将政府、开发商、街区居民以及专家学者都纳入土地再开发的主体考虑范围，协调了各方观点，纾解在历史街区土地再开发中因各方利益差异产生的矛盾。在土地再开发土地市场制度中，政府应从政策层面扶持社区团体，并鼓励社区参与土地一级市场竞争。在城市土地再开发过程中调整土地有偿出让方式中“价高者得”的招、拍、挂制度，给予社区组织一定的政策优惠，优先赋予社区组织参与土地再开发的权利，政府利用专家学者第三方的智慧，通过规划及各类产业政策引导，从而改变以往的“政府＋开发商”的单向土地再开发模式，形成政府主导、专家咨询、社区参与、社区与开发商协作的新型社区自主更新模式。

这种模式还有一种延展形式，是由政府、私营业主、社区居民参与的小规模的个性化保护模式。该模式同样属于多元主体参与，不同之处在于：一是开发商多为私营业主或者就是房屋使用人自己；大多为小规模的，甚至是街区零星院落的修缮和更新改造。二是房屋修缮、翻建后，涉及功能的改变，由居住或工业用途改商业服务业；不一定涉及土地权属的变更，更多以租赁的形式出现。以北京为例，一般是由政府主导对需要进行土地再开发的历史街区分片、分块，结合北京市的任务和安排，改善环境、市政设施，并负责公房维修。房屋使用人通过将房屋租赁给私营业主，或者本人出面对房屋按照规划要求进行修缮更新，改造后可以保留原有功能，也可以调整为其他功能，但必须符合政府相关要求。这种方式的优点在于充分考虑房屋使用人的利益诉求，同时政府把关符合城市规划的总体要求，较好地保存了历史街区原有文化肌理和生活的延续性，不利方面是房屋使用周转快，租金水涨船高，难以形成固定的文化品牌。如北京烟袋斜街(2001 年)、南锣鼓巷(2006 年后)、五道营(2008 年前后)等均采用的是这种小规模渐进式或自主式个性化保护模式。1988 年菊儿胡同小区项目也可以说是最早的尝试。政府主导，居民参与程度较高，土地功能不变，仍为居住，但密度增加了，盖了小二层，居民回迁率较高，承担少量费用。

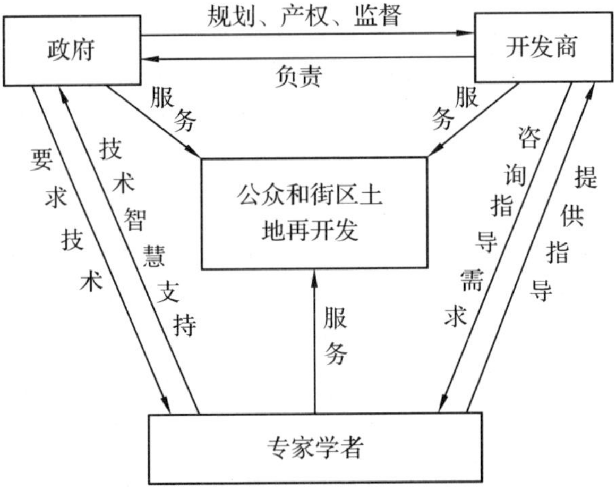

图 18　多元主导型的历史街区土地再开发模式

第四节　土地再开发动力主体及其利益关系分析

历史街区的土地再开发不仅要考虑项目本身的投入产出或成本效益，还要考虑历史街区保护形成的一种“非正式约束”，因此，不能将其等同于一般意义上的旧城改造而需要特殊对待。在社会主义市场经济环境下，历史街区的土地再开发受到政府（不同层次的政府组织及其推行的法规、政策）、市场（参与建设的企业）和社会（居民、社区组织以及非政府机构、科研院所、基金会）等三种基本的社会力量推动和作用，三者力量均衡整合和良性互动才能兼顾社会效率和公平，保证综合效益最大化，促进城市可持续发展[232]。

一、政府及其利益观

政府作为历史街区土地再开发的倡导者和组织者，就像是汽车的方向盘和发动机，其把握方向的作用主要体现在通过政府的行政决策权，决定历史街区通过土地再开发方式进行更新改造的必要性和方式。同时，政府作为政策的制定者和执行者，对历史街区的全面发展和宏观调控至关重要，政府对市场的干预和调控，在很大程度上会通过对土地和房屋的政策制定和执行来实现。因此，政府作为历史街区土地再开发的动力主体，其作用是开启和制衡。开启土地再开发的程序，通过建立健全相关的关系土地、房屋、使用者权益等的多种法律法规，完善土地管理制度，以保障和平衡在土地再开发链条上的各方利益，而在这一过程中，政府将面临巨大的压力。因此，精细化管理、规范管理、动态管理就显得尤为重要。

政府代表的是社会公平公正和公共利益最大化。作为国家权力机构，政府行政职能的重要目标之一就是高效管理城市、维护社会稳定、保存和传承历史文化，使城市成为公众享有经济发展成果、享受福利待遇、满足生活需求的地方。政府运用土地再开发实施旧城更新改造，关注历史街区的保护利用，除了服务社会和公众生活所需外，还有拉动城市经济增长，促进城市可持续发展的目的。换句话来讲，政府若要提高城市居民生活水平，提高社会福利，传承历史文化，经济是基础，而经济基础是保障社会公平公正的前提。因此，政府的利益观既包括维护社会稳定的利益取向，也包括追求经济效益的利益取向[207，230]。

但是，政府实质是公共性与自利性的矛盾综合体。改革开放以后，中国处于从计划经济向社会主义市场经济的转型时期，政府承担着多重相互矛盾的角色：既是公共利益的代表又要追求政绩，既是上级计划的执行者又是地方利益的代表，既要计划管理和导向又是经济活动的重要参与者，有自身利益的考量，既要考虑城市整体发展、协调城市规划，又得作为国企的最终出资人，关注企业的微观利益[156]。政府经常会被质疑滥用公共权力，以公共利益的名义谋取政府和开发商的私利，因而，政府需要抑制逐利冲动，强化其公共性[236]。在历史街区的保护利用中，政府有保护历史遗产、改善民生、实现历史街区综合发展、推动城市整体发展的责任和愿望，但受政绩因素的影响，也会有短视行为，也缺少达成目标的有效途径[148]。

在实践中，政府的概念是非常具体的，各级政府有各自的利益，经济成本、社会稳定都是其要考虑的因素。国家、省市、区县(街道作为区县政府的派出机构，不算独立的一级政府)各有相对明确的权责划分，上、下级政府之间由于职责不同，承担的任务和追求的主要目标会不同，利益观也会不同；同级政府中不同部门也如此，这些都会影响到政府综合、终极目标的实现。如理论上，规划、建设、文物部门分工负责并互相协调，代表市(区)政府行使历史街区的保护规划、建设管理和文物保护职权，但实际工作中，由于各部门管理目标对象和方法不同，侧重点不同，会出现越位、缺位的情况。1990 年以来北京旧城大规模危改失控的一个重要原因就是市政府缺乏宏观调控，政府各部门间缺少协调[208]。

二、开发商及其利益观

无论采取何种开发方式，资金筹集是关键问题，这是开发商能成为历史街区土地再开发的利益主体并发挥重要作用的基础。对于开发商而言，追求利润最大化是其唯一目标。在追求这一终极目标的过程中，为了接近目标也会照顾到社会效益和环境效益。因此，开发商在历史街区土地再开发动力主体中的作用就像是汽车的发动机，只有在政府这个方向盘的引导下，才能沿着正确的道路不断前进；失去发动机的动力，汽车寸步难行。因此，在历史街区土地再开发中开发商一方面要积极配合政府的工作，另一方面要按照市场规律与地租理论，选择其认为最合理的方式和最佳优化方案，推动土地效益从低向高转变[230]。因此，开发商从经济视角出发，在大规模历史街区土地再开发中的作用是显著的。

相对于政府的复杂身份定位而言，开发商的利益观相对单一，追求经济利益最大化是其终极目标。就历史街区土地再开发而言，开发商对某一历史街区的具体选择亦基于利润最大化。区位条件好、利于改造和再开发的地区的开发往往能为开发商带来高额利润。而对于那些限制条件多、基础差的历史街区，尤其是人口密度大、房屋危旧严重的地区，开发商往往不会感兴趣，希望通过政府扶持，满足其基本利益观后，才会考虑做对自身的社会声誉和影响有贡献的事情。

虽然开发商屡受指责，但是，应该看到，在市场经济中，企业作为市场主体，追求利润最大化无可厚非，否则就会在市场竞争中消亡。在历史街区土地再开发中，随着房价上升，各方面利益协调的难度在加大；随着旧城土地价值的显现和提升，历史街区土地再开发的成本在提高，开发商承担了项目实施的高额成本、项目周期长的投资风险，因而对旧城内的危改项目望而却步。如前门大栅栏地区的规划项目实施至少需要 1000 亿元，首期投入需 170 亿元，其中居民搬迁需 70 亿元[220]；无论货币安置还是实物安置，拆迁成本一般都在 50%以上，平安大街则高达 83%[237]。因此，必须加强政府和社会的监管，使开发商树立正确的利益观。如果缺乏监管，开发商就会为追求经济效益而不顾社会效益[148]。

三、居民及其利益观

居民是历史街区土地再开发中不可或缺的重要主体之一，其作用就像是汽车的润滑剂，直接关系到土地再开发的顺利程度和有效程度。长期以来，公众参与决策和社区规划管理相对较弱。所以，与政府、开发商相比，居民在土地再开发中属于弱势群体[207]。尽管是弱势群体，居民却是最活跃的基本元素，是不能被忽视的动力主体，因为作为居民日常活动场所的历史街区，土地再开发直接关系到居民的生存环境和生活水平，而居民的活动轨迹和方式同样深刻影响着历史街区用地功能的演变。随着社会的进步和发展，居民参与公共事务及其管理的意识日益增强，居民在历史街区动态演变中起到越来越重要的作用，在多主体模式中应该成为更新主体，只是需要合适的组织形式。

在历史街区土地再开发的利益链条中，数量最多，目的性差别最大的利益主体就是居民，而居民又是社会的基本构成，无论是政府追求的公共利益最大化，还是开发商追求的利润最大化，目标对象只有居民。居民既是生产者，也是消费者，他们为城市发展提供劳动，又为社会进步提供条件。因此，看似居民个体的利益，可能就代表着某种群体的利益，如果居民基本需求不能得到保障的话，他们就会为自身的既得利益争取到底。看似个体利益差别很大，实际上，对于居民而言，最核心的利益就是希望能有幸福生活和工作的场所。

居民不仅在决策过程中没有发言权，而且在拆迁博弈中也处于劣势。房屋拆迁、货币安置标准低对居民尤其是中低收入群体冲击最大。历史街区一般都是商住混合，供低收入者谋生的渠道更多，城区的社会保障体系更加完善，生活成本低，拆迁使他们失去家园和谋生环境，面临两难选择：拆迁补偿不够在城区购房，生活质量随之下降，而外迁又会生活不便，就业机会少，生活成本上升，房屋价值不如城区[236，238]。但是，居民缺乏自身利益的代表和畅通的诉求渠道，经常会被忽略，合法利益得不到保障[230]。面对拆迁单位停水断电、强拆等行为，抗争无效，最后只能妥协。信访、集体访、越级访等就成了居民最后的办法。

但是，也应该看到居民在历史街区保护和土地再开发中的问题。有些居民盲目追求生活舒适度和生活条件的改善，对历史街区的破坏和衰败漠不关心；有些居民为了经济利益，破墙开洞，商业化装修，搭建违法建筑，破坏了历史风貌；有些居民利用拆迁机会以一次脱贫为目标，甚至漫天要价，采取不理智的行为扰乱市场秩序，逼迫政府为稳定买单，损害了社会公平。

在历史街区土地再开发中，政府、开发商和居民是直接利益相关者，由于历史文化遗产具有公共属性，专家学者、社会公众也是一定程度上的利益相关者。专家的作用在于对历史文化、对旧城保护与发展的研究和分析，以及宣传教育公众[239]。以北京为例，历史街区保护从概念的提出到理念的形成，到在规划和实践中的落实，直至成为全社会共识，专家学者在这一过程中发挥了不可替代的重要作用。在北京旧城改造比较成功的案例中，如菊儿胡同、烟袋斜街、南锣鼓巷，都诠释了学术界对历史街区保护最新理念的认识和对传统文化的理解，体现了专家的智慧。南池子、前门大栅栏的改造方案虽然争议颇多，毕竟也是经过专家的精心设计，体现了当代人对历史文化遗产保护的一种思考。

随着全社会历史文化遗产保护意识的提高，社会公众的作用逐渐显示出来。非政府组织的出现、网络等现代传媒的发展，提升了原本与历史街区利益相关度不高、相对分散的社会公众的地位。如，北京文化遗产保护中心① 2010 年对钟鼓楼街区改造项目的关注与反对，确实引起了政府对该项目的再思考。

但是，也应该看到，专家学者追求完美、过于理想化的规划和建议，对实践中不完美之处的苛求，对于推动历史街区保护利用有害无益。社会舆论一面倒地反对任何形式的历史文化遗产改造与利用只能使历史文化遗产在自然衰败中流失，造成不可弥补的损失。

① 北京文化遗产保护中心，http：//www. bjchp. org/? page _ id=2764。

四、各主体间的利益冲突分析

历史街区土地再开发中涉及的各行为主体，为了维护各自的利益，各自既独立承担着历史街区土地再开发中的不同角色，又在利益链条中相互关联、相互作用，形成一个有机整体。

(一)居民和开发商之间

在历史街区土地再开发利益链条中矛盾最为突出、冲突最为激烈的就是开发商与居民之间的利益冲突。这一矛盾冲突贯穿于土地再开发始终。一方面，开发商希望通过最小成本解决再开发中涉及的拆迁补偿和回迁分配，而居民希望能抓住机会尽可能多解决长期以来积压的住房问题，并借机获取更高的机会成本。归根结底，这两方的利益观实际上都是追求利润最大化，居民个体与开发商之间，居民群体与开发商之间，也会因为利益分配产生不同的问题。一般个体冲突容易解决，一旦演变为群体冲突，势必造成双方利益受损，政府在这其中要担负一定的责任。因此，居民与开发商之间的冲突，本质上却是政府、开发商和居民三者之间的博弈。

实践中，居民和开发商之间的矛盾表现在拆迁安置的方式和标准，大量历史形成的违法建筑、土地产权不清晰等经常成为争论的焦点。居民与开发商矛盾的实质可归结到对历史街区土地增值的分配。[207]

(二)政府和开发商之间

政府和开发商的利益冲突在计划经济体制下并不明显，彼时，企业并非真正意义上的经济实体，只是执行政府计划指令的一个机构，政府在社会经济生活中处于核心地位。随着社会主义市场经济体制的逐步建立，企业成为独立的经济法人，即使是国有企业，也不能不在市场竞争中追求经济利益最大化，此时，政府作为社会利益的代表者，代表的社会理性(社会整体最优)与开发商的经济理性(企业经济最优)之间必然会产生矛盾[156]。具体到历史街区土地再开发，从促进该地区发展这一层面来讲，两者应该是利益共同体。政府需要开发商的资本投入、资本运作和市场经验，开发商需要政府的行政保障，两者之间相辅相成，互为支撑。但由于各自利益出发点的本质差异，围绕土地再开发的目标和路径，政府和开发商具有不同的态度和解决问题的方式。政府更强调稳妥，即使没有利润，只要有利于社会稳定，有利于公共利益最大化，政府就认为是可行的，而开发商对没有利润可言的行为难以接受。因此，在政府与开发商之间，平衡利益分歧最为关键。

在历史街区土地再开发中，项目规划、土地价格是影响项目投资回报的重要因素。政府虽然凭借行政权力占有主导地位，但是决策时也必须兼顾开发商的利益需求。开发商作为最活跃的主体，在项目选址、开发强度上有一定的发言权，对规划决策有一定的影响力，但他们还会求助于政府权力，以实现有利于己方的利益重新分配。因此，开发强度和地价的确定是平衡两者关系的焦点[207]。

在历史街区土地再开发过程中，政府与开发商既有利益的一致性又有利益冲突，不论采取谁主导的模式，都离不开对方的支持，因为双方的利己行为将使社会整体的经济效益、社会效益和环境效益受损。开发商为了实现利益最大化，会千方百计地利用现有政策空白，试图突破规划控制，追求开发的高密度、高容量、高回报，不惜损害居民的经济利益、城市整体的社会效益和环境效益，政府却要为此支付大量的事后成本。[147]政府凭借其在土地市场的垄断地位，大搞土地财政，攫取了土地收益，让开发商处于拆迁、建设的一线。居民的不配合使拆迁进展缓慢，又进一步导致补偿费用上涨、工程周期延长，造成拆迁成本增加、土地资源浪费[240]。西方国家旧城改造的经验和理论说明，实现政企合作才是最好的选择。

(三)政府和居民之间

政府和居民之间的关系就是鱼和水的关系，在历史街区土地再开发的过程中，政府的出发点是基于对居民生活环境的改善，生活水平的提高，促进共同富裕。居民作为政府服务的对象，也是城市经济的创造者和消费者，在具有决策权力的政府和强大经济实力的开发商之间，居民显得人微言轻，如果没有公众参与决策的渠道和路径，居民的意愿往往就会被政府不切实际的政策所替代，在某些时候成为开发商和政府博弈的牺牲对象。因此，政府和居民之间，政府要从居民的利益出发，做居民的代言人，在保障居民利益的同时，就是实现其公共服务利益最大化的过程。

但是，在具体的开发项目中，政府与居民均受制于自身特定的处境，不可能游离于政策、制度等大环境。随着社会主义市场经济的发展和法律法规的完善，居民自维权意识加强，其作为产权人或参与者的地位和作用越来越重要。如果政府忽视这一变化，仍然采用计划经济时期的方式，或者在与开发商的博弈中不注意保护居民的权益，居民在发现完全信赖并积极配合政府决策反而导致自身权益受损后，就会对政府的决策持不信任态度，采取不合作的行为。当然，值得注意的是，政府作为公众的代表，代表的是公众群体的利益，与公众个体利益之间也会有不一致之处。因此，政府和居民之间的微妙关系使多主体利益冲突趋于复杂化。

综上，分析政府、开发商和居民两两之间的利益冲突可以看出，历史街区作为具有多元价值的社会文化资源，发育良好的市场有利于发挥市场有效配置资源的作用，促进各种生产要素与历史街区保护的结合，使日益衰退的历史文化资源得以价值重现。但同时，多元化的利益主体有着多元化的利益诉求和回报周期，如果将历史街区土地再开发完全交付市场，势必会加剧三者之间的利益冲突和矛盾，导致多元化的利益冲突。只有在统一规范的框架下，各自遵循各自的要求，才能发挥各自最适合的作用，这期间政府是关键。政府应该在最大限度上发挥其主导作用，强化历史街区土地再开发的公共属性，完善相关的利益保障机制和政策，将保障居民合法权益和应得利益放在首位，克服利益分配不均的现象，创新开发模式，完善开发管理，实现各方利益均衡发展。

多元化的利益格局决定了多元化的价值取向，在多元化的利益冲突和价值碰撞中，如何提高政府维护公共利益的能力也考验政府的行政能力。有利益冲突就应该有利益调整，如何在政府、开发商、居民之间进行相互制衡，实现文化传承和形成环境改善共识是管理的重点和难点。

第五节　历史街区土地再开发的管理原则

在坚持历史街区全面保护、真实性保护等前提下，优化历史街区土地再开发管理工作，首先要遵循一定的原则，在借鉴土地管理的整体原则、责任原则、法制原则、利益原则、效率原则和民主化原则的基础上，结合历史街区保护更新的理论和一般原则，形成历史街区土地再开发的六个管理原则。

一、可持续发展原则

历史街区作为社会共同的历史文化财富，不能只考虑当代人利益而损害后人享受历史街区文化财富的权利。历史街区土地再开发的核心是为了街区更好地持续发展，既依托历史街区的历史，又不拘泥于特定街区的现状，而是在总结提炼历史文化内涵的同时，关注历史街区的未来发展。在对历史街区土地进行再开发的过程中，需认识到历史街区是城市历史文化传统的载体和重要的文化资源，保证历史街区的真实性以延续历史脉络。以保护为前提，整理和强化历史街区原有的文化肌理，并为现代城市的可持续发展提供物质的传承基础，这就是历史街区土地再开发管理可持续发展的原则。

二、以人为本原则

以人为本原则是历史街区土地再开发管理的关键性原则。在历史街区的土地再开发过程中，应注重物质环境的改善使之宜人宜住，还应注重维护街区普通居民的切身利益，尤其是兼顾弱势群体的要求，这不仅是国际公认的思潮，也体现社会主义制度的优越性，更是政府的责任。更重要的是，每一个环节中都要考虑公众参与。无论是将历史街区土地再开发置于城市总体规划的指导和控制下，还是针对现状和未来发展思考，对历史街区提出土地再开发布局调整的新建议，都会涉及生活在历史街区内的居民利益再分配问题。公众参与立足于大众利益，有利于调动居民保护的主动性与积极性；有利于加强社会网络和邻里关系，塑造良好的社区形态，延续物质环境和社会网络；还可以让居民充分了解和认识历史街区的价值和意义，增强居民对街区的历史认同感[6]。只有真正落实以人为本的原则，强化公众参与，才能保障历史街区土地再开发的可持续发展。

三、综合效益原则

历史街区土地再开发不仅要追求经济效益，运用经济法则带动历史街区创造新的价值，以增加城市的魅力和竞争力，促进地方整体经济效益的提高，还要注重保护社会、文化、环境等方面的意义和价值，考虑社会效益和环境效益，追求综合效益最大化。旧城的区位优势和历史价值使居民结构必然改变，在发挥市场合理配置资源的基础上[4]，要关注低收入者的居住问题；在物质空间的环境渐进性改善的同时，要注重社会结构更新的渐进性，才能使社会稳定得到保障。要注重文化与物质并重，传承和衍生历史街区的传统文化、挖掘城市文化内涵、塑造城市自身特色[219]；同时，要避免文化虚无主义，要落实历史文化对街区经济发展的带动和引导作用，以一种全新的视角和高度认识历史街区的格局、肌理和遗产价值，使保护与利用协同融合、经济发展与文化保护并重、物质空间改善与社会结构演变同步，各利益主体在获取自身利益的同时，相互配合，各自让利，将其转化为社会、环境效益，推动历史街区，乃至城市整体的进步和发展并使其成为一个运行良好的系统，形成“多赢”的局面[241]。

四、精细化管理原则

历史街区不是一个孤立的封闭空间，它是城市内部空间结构的组成部分，与城市各个功能区之间相互作用、相互影响。基于历史街区土地再开发主体多元复杂、用地地块相对较小、人口和功能相对复杂[230]，以及不同年代、不同等级文物保护单位和历史建筑共存的现状，充分认识到管理的外溢性和全覆盖性，应将历史街区土地再开发管理纳入城市土地开发管理和功能区开发管理的范畴内，在遵照通用准则实施常规管理的同时，针对历史街区的特殊性和复杂性，按照具体情况和具体管理对象，采取不同的土地管理模式，尤其是对小规模、渐进式、个性化的保护模式下进行的土地再开发管理遵照精细化管理原则，实施分目标、分对象、分层次、分阶段的管理。坚持土地资源的集约利用和优化配置，不断提高旧城区用地的综合效益。

五、多样性原则

多样化是大城市的天性，是城市的活力源泉，维持传统的居住文化应维持人们日常生活各方面表现出来的多样性特征。同样，市场主体的多样化客观上不仅要求管理手段和资金来源的多样化[196]，也要求保护更新模式、产业结构、城市功能等的多样化。多样性也同样体现在根据历史街区因所在地的实际情况和文化特点而显示的街区个性和地域特色[191]。街区经济结构的多样性与复杂性，尤其是不同结构的经济活动使街区充满生机[170]。历史街区土地再开发应按照多样性原则，创造有序而丰富的物质空间环境，使真实的历史遗存与不同年代的历史建筑和混合的建筑风格共同构成丰富的环境氛围，营造混合社区和良好的社会生态。

六、动态平衡原则

历史街区是一个有机体，需要不断新陈代谢、有机更新。历史街区土地再开发不是一劳永逸的而是动态发展的，历史建筑的使用和社会价值网络的完善都有一个逐渐演化的过程。对于历史街区复杂的具体情况，应该根据动态平衡的原则，制定相应的有针对性的实施细则，特别是针对居民利益的实施细则要随着城市的发展阶段进行动态更新，循序渐进。历史街区物质环境保护与更新、历史人文风貌的挖掘与延续、功能复兴与居住环境改善、历史建筑外观整治与内部现代化改造，只有紧随社会的发展，才能永远保持活力[242]。与其让历史街区在等待中衰败不如发动居民积极维护更新，居民自主改善比开发商一次性改造更经济适用、更有利于历史街区的动态平衡。

第六节 历史街区土地再开发管理的优化

历史街区土地再开发既是城市旧城区局部更新的过程，也是整个城市有计划、有步骤改善其全部物质社会环境的过程，涉及政府、企业、居民和公众等多方面，历来是城市建设中复杂的综合性工作，面临着众多矛盾和挑战[155]。随着社会的进步，历史街区保护不再是一个封闭的、孤立的技术质量提高的过程，而是逐渐由单纯的工程技术问题转变为一种全方位的社会运动和政府措施，并受到各种内外因素的制约。实施历史街区土地再开发管理时，应在保护的前提下，顺应国际社会对历史文化遗产保护利用的发展趋势，借鉴各国的成功经验，针对城市发展的时代要求和效益要求，按照历史街区土地再开发的原则，完善法制政策、建立调控机制、创新开发形式、优化保障体系，实现可持续发展。

一、完善法制政策，推动科学发展

在社会主义市场经济体制下，历史街区的保护与土地再开发必须遵循市场经济规律，充分发挥市场配置资源的作用。但是，历史街区拥有的大量城市遗产因其产权的非排他性、效益享受的非竞争性而具有准公共物品的特性，其保护具有正外部效益，即具有社会公益性质。历史街区的保护更新项目，不仅投资规模大，超出普通市场主体(居民或企业)的承受能力，而且项目成本高，投资回报期长，社会效益大而经济效益差，对投资者缺乏吸引力，难以吸引民间投资，导致市场配置困难和失灵。经济运行过程中市场失灵和公共产品的存在导致低效率和不公平现象，使政府干预成为必然，政府必须发挥主导作用。[232, 243]政府以社会管理者的身份，通过经济和行政措施，对历史街区保护与土地再开发的相关环节进行干预，以使其按照正确的方向运行和发展，符合政府预期的目标。同时，政府应通过利益激励和制度约束，引导经济主体追求效率和创新，解决市场失灵问题；通过规范化的市场秩序和法制制度建设，主要依靠市场来协调非公有制经济主体利益，使决策实施过程公开透明。政府还要处理好保护与发展、局部与整体、居民生活与风貌改善、人口疏散与社会稳定、政府干预与居民参与等矛盾关系，坚决维护并确保公共利益不被过度使用，使居民作为分散的经济体不受侵害，这一过程尤其是要注意保护弱势群体。因此，政府针对历史街区保护与土地再开发，健全相关法律法规、理顺行政管理体制机制、制定专门的政策，提供良好的制度环境尤其重要。

(一)健全法律法规

市场经济一定意义上说就是法治经济。目前中国有关文物保护的立法体系相对完善，但历史街区保护的立法基本上还是空白。《文物保护法》、《城乡规划法》、《土地管理法》等对于历史街区土地再开发的规定过于原则化，广度和深度都不够，可操作性不强。其他可参照的法律法规散见于各相关法规中，且大多以各级政府或各部门颁布的文件形式出现，影响了法规的权威性。历史街区土地再开发是一个综合过程，就要求有一个针对性强的综合性法规与之相配套。主要有：

一是形成历史文化遗产保护的完整法规体系。重新梳理现有法律法规，将分散在各个不同法规中、互相矛盾或不相衔接的内容加以梳理整合，并与相关国际宪章和规定衔接一致，形成完整的法规体系。各地应根据实际情况制定相应的地方性法规或细则，并针对历史街区的保护与再利用制定专门的法规，以更好地指导实践活动。更重要的是，中央和地方政府之间要明确各自的职责。

二是加强对历史文化遗产保护性再利用的法规保护。改变目前法规制度重保护轻利用的倾向和简单地以文物保护的办法涵盖其他类型历史文化遗产保护，进一步明确保护对象的分级分类，并根据不同级别和类别采取不同的措施。积极鼓励历史街区历史建筑的保护性再利用，以更好地满足人的需求，体现历史街区的价值，促进城市的发展。

三是研究探索历史街区房屋产权界定的办法。产权关系不明确使房屋无法交易，影响了所有者和使用者的维修、投资积极性以及社会资本的进入。产权不清、产权混合也是引起拆迁纠纷的根源之一[212]。应根据《物权法》等法律法规的新规定、新要求，探索改革直管公房和单位自管房的产权，清晰界定街区大量公有产权、不明确产权或混合产权房屋的产权，使历史文化遗产这种准公共产品的外部特性内部化，降低成本，并盘活存量，吸引社会投资，用市场机制促进资源的合理配置[62]，促进历史街区的可持续发展。

(二)把握客观规律，理顺管理体制

顺应社会主义市场经济对服务型政府的要求和政府职能转变的需要，针对中国现行的保护及管理制度不完善，缺乏前瞻性和预见性；保护策略单一，可实施性不足；理论处于静态保护的初级阶段等不足，理顺行政管理体制机制，为历史街区保护与土地再开发提供制度保障。

一是改变目前多头管理、管理权限分属不同部门，主管部门结构不清晰的局面，明确规划、文物文化、建设等各部门的职责，并加强与土地、财政、发改委、园林风景、生态环保等部门及其政策的实施协调。明确历史文化遗产保护的主管部门，在国家层面整合机构和职能，实行单一部门统一管理。在地方层面由地方政府统筹管理，充分调动地方政府保护历史街区积极性。

二是建立科学决策体系。面对历史街区保护与土地再开发的复杂性和长期性，主体和对象利益多元化等情况，建立法制化、科学化的决策体系，从层级制的中心结构政府决策向综合决策转变，汇集社会和专业力量，倾听居民意见，实现自上而下与自下而上的结合，[212]为科学规划提供决策支持，推动解决旧城保护与利用过程中的各种问题。同时，历史街区的再开发是一个长期的过程，在用地规划和再开发政策的制定时都应注重实施的可行性和灵活性，及时应对新问题、新情况，最大限度地推动再开发的顺利进行。

(三)根据实践需要，制定专门政策

历史街区作为城市中心，“租值”会随着城市发展和需求不断提高，从而推高了保护和再开发的机会成本，如北京旧城。而巴黎、罗马通过城市总体层面的规划控制，将发展权一次性转移到城市新区，减少了保护的机会成本。历史街区保护如完全采取博物馆式的被动、静态的消极保护方法，保护成本很高，带来的福利增加却是边际递减的，更重要的是，这种绝对保护是以牺牲街区发展为代价的。积极保护强调通过对历史街区发展权的合理管理，避免高成本保护[161]。作为城市管理的一个重要组成部分，历史街区的保护和再利用反映了城市的管理水平，关键要制定合理的运行机制，除了禁止性、限定性的规定，要专门制定针对性强、灵活有效的激励性政策，通过合理利用达到保护的目的。主要有：

一是建立开放动态的历史街区保护体系。针对不同对象分级动态保护，对于文物建筑实行刚性控制，对于风貌类建筑，实行柔性控制，根据遗产价值和相邻关系确定遗产可发展的大小，以降低机会成本。鼓励历史街区民居采取有机更新和适应性再利用、小规模更新等方式进行自主修缮，对于私房和单位自管公房的产权所有者按照整体规划，在保护历史文化遗产的同时，改善生活条件，应该适当给予资金补助或者贷款优惠[218]；探索制定历史建筑保护的专用技术规范和标准、(如消防等)针对历史街区的小规模渐进式市政设施改造方案。加强房屋修缮、保护性再利用的审批和监管及违法建筑、腾退房屋出租等日常管理。历史街区基础设施的完善需要政府干预，采取外迁房源优惠、房屋补贴政策、委托开发商经营、保护规划、政府直接负责等方式进行政府干预。[244]

二是创新土地利用的运作机制，将土地储备、土地出让与土地的后期开发分离，划分公益性项目和经营性项目，实现土地再开发的均衡与联动发展，促使历史街区保护与利用的可持续发展。对于历史文化保护项目实施过程中面临的诸多难题，尤其是关于项目土地拆迁安置、安置房建设、土地使用权取得方式、建设实施主体、最终房屋权属等方面，需要研究相应的解决方法和对策，并应给予长效的政策支持，探索开展城市地下空间的开发利用。

三是建立多元化的资金筹集机制。政府提供专项保护资金，作为启动资金解决项目前期投入多、回收周期长的问题，同时发挥牵头、引导、激励作用。制定经济激励及税收减免政策，财产税、开发商的所得税、私人个税减免，捐赠税费扣除，保护性再利用的资金补助，优惠贷款作为启动资金或共同开发。采取开发权转移等规划手段，积极引入民间资本和社会力量，注意民间组织团体的培养和社会资本的引入[62]，历史街区保护资金如果只来自政府或私人投资，很难完成保护与利用的整体目标。

四是完善房屋拆迁及其补偿安置机制，使安置方式多样化，补偿价格合理化，体现人性化、公平性和可行性。将实施拆迁的执行单位的专项业务经费，如劳务费、管理费等与居民的拆迁补偿费分离，尝试对拆迁补偿工作和各方利益之间从捆绑到分离、从封闭到开放、从指定到优选、从政府主导到居间、从经验到核定等工作激励机制的创新[245, 246]；补偿标准要依据土地利用现状和市场价格进行评估，对待拆迁房屋特点和价值、被拆迁居民的具体情况过细分析，尽量延续历史文脉，满足居民的合理要求，鼓励帮助促进居民外迁、腾退，尤其是在重要文物内部和周边地区的居民。

五是完善弱势群体和低收入者的保障机制。在历史街区土地再开发中，不能完全采用市场机制的优胜劣汰，应充分考虑当地贫困人口的安置，维护社会稳定和社会公平。应借鉴法国的社会住宅制度①、手工业和小商业基金（FISAC）[233]等做法，维护城市的多样性②。土地资源配置过程必须注意社会公平，对在城市发展中利益受损的主体进行合理补偿，补偿标准和方法的关键在于遵循市场规则，科学评估土地价格，兼顾各方利益，尤其是弱者的利益，协调不同利益主体之间的利益冲突，利用市场机制调动各类经济主体的

---

① 法国的社会住宅（Social House）是由公共部门经营管理，为没有经济能力在自由市场上解决居住问题的个人或家庭提供的租金或售价较低的住房，也是政府维持社会稳定、调节房地产市场的重要手段[233]。

② 法国的保护手工业和小商业基金创立于 1989 年，是从商业税中提取的、用于保护部分传统手工业和小型商业的专项基金。

积极性，共同为城市长远发展贡献力量[247]。

二、健全调控机制，形成社会合力

历史街区土地利用具有的外部性和公共物品的特性，单纯依靠土地市场无法完成资源优化配置，必须要依靠市场和计划的有效结合，才能使土地资源综合效益最大化。但是，中国目前的制度设计大多是站在政府角度，以管理便利为出发点，条款分割严重，制度之间缺乏必要关联，行政管理倾向明显；考虑部门利益多于整体利益，考虑利益群体过于单一，不利于保护开发商、居民等利益相关者的权益。政府应加强宏观调控，建立多部门多层次联动机制，拓宽社会力量参与渠道，强化社会评价和约束机制。

（一）建立多部门多层次联动机制，促进历史街区与城市协调发展

政府要加强宏观调控，从更高层面上重视历史街区土地再开发与管理。在历史街区土地再开发中，建立旧城改造与新区建设、交通管理、人口疏散、房屋管理和修缮等联动机制。以北京为例，北京市政府要改变以各区县为主的工作现状，做好宏观调控，统筹考虑，并争取中央政府的支持，适当调整旧城功能，使旧城历史街区的保护以重新调整旧城功能布局为龙头，留下适合旧城发展的功能，如政治中心、文化中心等，疏散不适合在旧城发展的功能，从源头上减轻旧城压力，为历史街区的保护与复兴创造条件[2]。

一是强化规划的龙头作用，将历史街区土地再开发纳入城市整体发展规划。城市规划作为一种制度产品，是改变经济利益的重要公共资源。一定程度上讲，不同规划体系和方法会影响产权和交易费用，从而影响遗产价格和遗产价值，最终影响遗产资源的不同配置及其效率和效果[161]。规划的角色不仅是行政和计划的空间体现，更多是作为协调社会各阶层或利益集团的工具，是调节公共政策和社会福利的手段之一，也是政府的主要职能之一，规划直接关系到城市未来发展。

北京旧城以居住为主的历史街区的衰败是由政策、经济等多方面原因引发的社会文化问题，是经济快速增长、社会转型和结构调

整的结果。在全球化的浪潮中，这些低收入人口聚集的历史街区面临经济和文化的双重挑战，人口和功能置换导致明显的“绅士化”倾向，使原有的社会结构改变和社会平衡被打破，直接影响传统的物质环境保护和传统文化延续，进而影响城市活力和城市竞争力。现行规划仍停留在物质层面，并过于追求基础设施和居住条件的现代化，没有体现对深层次问题的认识[202]。城市规划作为重要的公共政策，应努力保证不加剧现有的社会隔离状况，并通过引导型规划，采取动态发展方式，恢复历史街区居住区活力。

二是制定合理可行的历史街区保护规划。通过深入细致的现状调查，全面考虑社会政治经济文化等多种因素的影响，采用阶段性、小规模、动态的具体保护方法，制定合理的保护规划，并将保护规划进一步深化为管理模式，纳入到连续决策的管理过程中，使规划真正落到实处[248]，实现从物质空间设计向综合规划、由技术管制向公共政策的转变。在历史街区保护规划制定中，必须考虑产权人、投资人的利益，并采取各种政策鼓励私人和私营机构参与保护，加强土地再开发运作模式、土地经济等方面的政策研究，探索多样化保护方式和真正意义上的公众参与，制定一套与历史街区保护发展相适应的、明确合理且具有可操作性的政策调控。如果规划脱离现实约束，完全按照“规划师理想”设计，并进一步强化城市规划强制力，轻则会造成“规划失效”，重则会导致不可挽回的损失[249]。

三是建立城市规划与土地管理的联动干预机制。历史街区改造更新归根结底是一种城市规划的专题规划及其实施与管理工作。依据城乡规划法，专题规划也要具备时序性和前瞻性，一经批准后在一定时间内具有相应的法律严肃性。从城市规划技术层面来讲，历史街区规划应参照国外的社区或地块规划，与土地再开发直接相关，而历史街区土地再开发则更多是土地开发的实施管理，因此，应克服中国土地管理和规划相对独立、部门分权的土地管理体制造成的协调不足的弊端[246]，完善城乡规划的类型和层次，积极推行社区或地块规划的立项和审批。

四是建立规划、土地管理以及公众之间的联动干预机制，由社区、街道牵头，土地与规划及其他相关部分和社区居民代表联席，形成联动协商，重大事项一票否决并进入听证、审议阶段的干预机制。对历史街区的保护和利用要通盘考虑，保护项目要科学定位、整体规划，并坚决贯彻实施。可以借鉴英国伦敦的做法，组建专门机构负责旧城保护和改造规划编制工作，并强调公众参与，促进土地利用规划的科学合理编制和有效落实。

(二)拓宽社会力量参与渠道，促进历史街区土地再开发的良性循环

市场机制对历史街区保护和土地再开发具有积极作用，不仅能提供资金支持，减轻对政府投入的过度依赖，而且可以使公众因事关个人利益而增加关注，实现公众实质性参与，使决策更加科学合理。更重要的是，市场机制可以更有效回应公众需求，有效整合、调配社会资源，提供并创新更加完善的保护措施。但另一方面，要看到市场机制本身具有缺陷，片面追求短期利益和经济利益最大化，忽视社会整体利益，直接导致在实践中出现“推平头”式的开发和仿古复古造假古董等建设性破坏；以商业为主的历史街区过度商业化开发与以居住为主的历史街区衰败并存，旧城人口过密现象仍然存在、人口疏散目标并未实现，居民因公共空间的纠纷增加；改造后的高档社区不可避免造成绅士化和社会隔离等现象。为了避免市场机制的负面效应，政府不仅不应该大包大揽地提供更多公共服务，而且应该充分发挥市场配置资源的作用，对历史街区保护与土地再开发的市场化做出制度性安排，在资金、项目、运作、人才等多方面明确市场化的进入渠道和方式，使社会各界共同关注、举全社会之力推动历史街区的保护再利用。重点有：

一是创新投融资体制，拓宽社会资金进入渠道。通过有限的政府投资进行公共项目的开发，促进再开发地区的环境改善和土地升值，是带动私人投资开发的有效途径之一。设立历史文化遗产保护修缮专项资金，为街区房屋修缮提供启动资金、周转资金或提供无息或低息贷款、减免税优惠等有利于促进业主的资助修缮。历史街区保护是有成本的，如果产权人认为自己为公众利益付出却得不到应有的补偿，就会采取各种积极或消极的形式对抗。可借鉴英国伦敦实施政府主导、公司化运作的模式，或巴黎成立从事旧城改造的专业化投资公司，保障土地整理开发的资金来源，避免旧城改造给政府带来巨大的财政压力。

二是历史街区再开发项目的运营应符合市场要求，针对不同的历史街区和具体项目确立专门的定位和竞争优势，优化项目未来运营的产业方向，使其与区域主导产业相适应，实现社会效益和投资盈利的要求。同时，应引进先进的管理团队，提高管理水平。

三是探索公众参与的途径与机制，以公众实质性参与促进历史街区土地再开发。国外规划界有关公众参与最著名的理论是 Sherry Arnstein 的市民参与阶梯理论(见图 19)。在历史街区保护与土地再开发中，以美国为代表的西方发达国家已跨越了任凭政府操纵的非公共参与阶段，逐渐从象征性参与阶段向更高级别直至决策的实质性参与阶段发展。中国目前至多在象征性参与阶段，实现公众的实质性参与还有很长的路要走，必须采取措施发挥公众在决策中的作用。历史遗产保护范围的扩大反映了政府的决心，也意味着政府需要承担更广泛的公共管理责任，其保护更新作为一项长期的公共事业，仅靠公共开支是不够的，只有鼓励生活居住在此的居民积极参与配合才能有良好的成效。

四是赋予社区团体优先参与街区再开发的权利。对社区居民在历史街区土地再开发中的地位和作用，除了建立公众参与联动一票否决机制外，还积极鼓励社区组织和团体参与历史街区土地再开发的市场竞争，政府对成熟的、有经验和资质的社区开发团队，在土地出让等方面给予优先和优惠政策，打破土地出让只有开发商参与竞争的局面，增强社区居民的自主开发力度。社区力量是在政府之外有助于弥补市场机制不足的另一种“非市场力量”，只有将其纳入旧城改造的决策与实施过程之中，与公、私权力形成制衡，才可能保证效率与公平的统一。由于旧城区的普通居民、私人商业经营者等个体难以自发组成有效率、有凝聚力的公众团体，并且其意见难以被重视和采纳，因此公众参与有赖于通过政府组织协调与促进推动来实现。

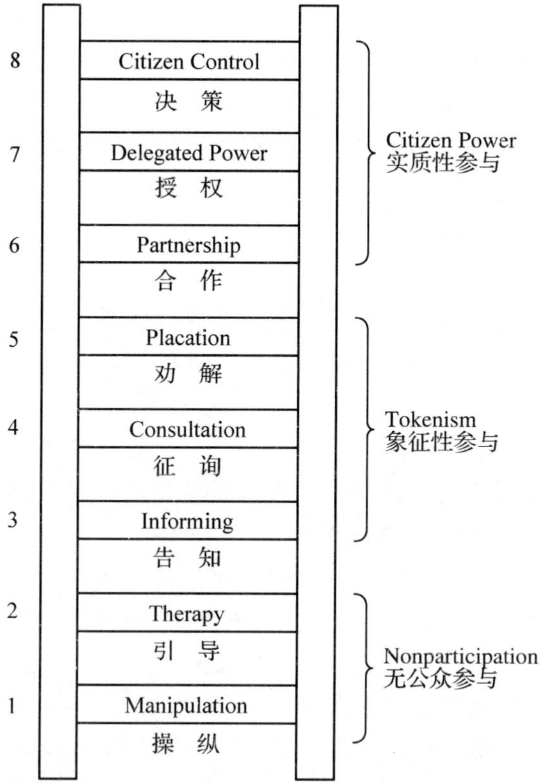

图 19　Sherry Arnstein 的公民参与阶梯理论

资料来源：根据 Sherry Arnstein 的 Public Participation in a Ladder① 整理翻译。

五是积极扩展和推行个性化自主开发模式，提倡以社区街道为载体的历史街区原居民和产权人进行自主改建，作为一种有益的尝试，这也是未来社会发展的趋势。积极的公众参与可以提升居民的

① Sherry Arnstein, A Ladder of Citizen Participation, APA Journal, 1969, (3): 50—61。

社区归属感、认同感和自豪感，促使街区内部各种资源有效整合，实现真正意义上的城市更新与文明的进步与发展。

六是强化政府和公众的历史文化街区保护意识，对历史文化街区的保护实行经济和技术革新与援助，引入新的保护技术和多种建设模式，促进历史街区的有机更新。

(三)强化评价与约束机制，确保综合效益的实现

一是完善现行的项目审批制度，建立社会评价机制。以公众参与为核心，利益均衡的多元群体参与、合作协调，进行针对历史街区土地再开发项目的社会评价。

二是建立历史街区保护性再利用的评价体系。“永续利用”和动态变化的生活是维系历史街区存在和发展的根本意义所在。对于历史街区的城市肌理、历史遗存、格局形态等物质实体的数量和比例①、原有居民的保有率②、原有生活方式③的保存度进行定量或定性评价，以保持历史街区整体氛围、邻里关系和原有居民的生存方式不变[38, 201]，确保历史街区的原真性。

三是建立历史街区土地再利用的评价指标体系，对于历史街区土地利用效率(土地潜在价值的发挥程度)、产业结构优化(新的产业结构与城市经济现代化发展的符合程度)、历史文化价值利用(更新改造中对历史文化遗产和所在街区保护力度和利用效率)等进行量化评价[147]。建立历史街区房屋评价分类、保护修缮标准、居民意愿调查、居民参与及其操作方式、社会结构和传统文化、历史风貌和居住环境等评价指标[4]。

四是建立城市房屋拆迁补偿制度评估机制。针对货币补偿和房屋调换补偿分别建立评估机制。前者要重点关注采取市场化的价值

---

① 一般情况下，我国历史街区中能体现传统建筑的数量或建筑面积占街区总量的比例应达到50%左右[32]。

② 依据经验，中国历史街区的人口保有率应有60%左右[38]。

③ 历史街区应该是该城市或地区传统文化和生活方式保存最完整、最有特色的地区，其原有的传统生活方式与保存度应该是地区最高的。

评估方法、第三方中立评估机构的选择、完善的拆迁程序和被拆迁人的参与等方面；后者要重点关注调换房屋的区位、质量、配套以及房屋性质等情况，切实保护被拆迁人的合法利益，维护社会公平。

五是加强对历史街区保护与土地再开发的监管。政府不能过度追求效率而影响可持续发展目标，应采取行政或经济手段对开发商的过度开发行为进行干预和控制。通过制定符合街区整体规划的改造规划，规定改造之后的各项指标并通过行政甚至法律手段强制执行落实，确保实现规划预期目标。同时，政府本身也要接受社会和各方面的监督。[250]

三、创新开发形式，促进街区复兴

市场是城市土地资源配置的重要手段和场所，但土地的特殊属性使土地供应不可能完全市场化，政府对土地市场的干预是必然选择，否则会造成巨大的资源浪费和社会福利损失，世界各国莫不如此。国外，以历史街区建筑为切入点的保护更新可以促进街区品质提升、人居环境改善，以公共空间为切入点的保护更新可以促进公共空间重塑、生活质量提升、增强市民自我改善的信心，其共同之处在于尊重原有社会生活和社会结构，重视社区环境的综合整治和经济复兴，政府协助、协调居民参与[4]。在中国历史街区土地再开发中，政府应在发挥市场机制配置资源的基础上，通过控制土地供应方式、利用城市规划、土地规划等形式，引导公众参与，优化城市土地市场的管理[247]。应根据千差万别的历史街区具体情况，因地制宜，创新多元化的开发模式，细化土地再开发管理的实施，提高历史街区土地再开发的综合效益。

（一）通过土地划拨方式的再开发

对于政府通过土地划拨方式进行的历史街区土地再开发，可以采取如下两种形式：

一是由政府主导、社区参与更新。该形式适用于经济基础差、能力低，暂不具备自我治理能力的历史街区或其中的某个社区。如撤项的危改小区项目等。这类社区往往是传统风貌保存较好或者是改造难度较大、改造成本较高、人口疏散压力较大的地方。对该形式的土地再开发实施管理时，以政府调控为主，早期尽量不采用市场机制，以政府部门各自责任分工为主导，联合相关职能部门合作，采用联席会议制度等组织形式，以政府财政资助资金为主，社区居民可以通过公众参与方式介入其中。

二是由社区自主更新。该形式适用于具有一定经济能力，但还没有强大到可以通过市场竞争获得出让土地的历史街区或其中的某个社区。这类社区一般具有较强的自我更新和治理意愿。对该形式的土地再开发实施管理时，以政府调控为主，社区自主开发为辅，政府在审核成熟社区组织土地开发资质后，以直接划拨用地的形式，或者直接给予财政支持的形式，帮助社区组织进行自我更新和开发，保护社区组织免受市场干扰。

如北京旧城大规模危改期间，开发商以危改的名义从区政府批到大量土地，有些土地一直闲置至今，虽然已危改撤项，但由于土地开发成本上升，又受历史街区保护限制，这些小区的开发停滞，居民生活环境十分恶劣，历史风貌保护也无从谈起。巨额市政基础设施的投入和疏散人口的任务是开发商独自难以完成的，对于此类历史街区土地再开发，政府应采取与历史街区改造的自身规律和改造目标和操作方式相匹配的土地供应方式。[251]政府主导，划拨土地，提供前期启动资金，居民积极参与的土地再开发形式比较适宜。

(二)通过土地一级市场的再开发

对于政府通过土地一级市场进行的历史街区土地再开发，可以采取如下两种形式：

一是由社区自主更新。该形式适用于有一定经济能力、自我组织和治理能力较强并且通过社区组织有能力参与土地市场竞争的历史街区或其中的某个社区。对该形式的土地再开发实施管理时，应采取社区优先机制，由政府给符合条件的社区组织一定优惠政策，在同等条件下优先赋予其土地使用权，协助社区组织进行自主更新和土地再开发。

二是交由开发商再开发。该形式适用于那些传统历史风貌薄弱，文化遗产数量有限，且完全不具有自我更新和治理能力的历史街区或其中的某个社区。对该形式的土地再开发实施管理时，市场机制调控是最为可行的，政府引导和监督，通过土地再开发调整功能，优化布局后带动地方经济整体发展，改善生活环境和生活水平。

（三）通过土地二级市场的再开发

对于政府通过土地二级市场进行的历史街区土地再开发，可以采取开发商与社区合作更新的形式。该形式适用于具有自我更新和治理能力，传统风貌特色鲜明或文化资源相对丰富的历史街区或其中的某个社区。这类社区居民改造意识强烈、土地再开发潜力大，对这类路径实施管理时，采取社区主导、政府扶持、多方联动的调控机制，对于产权明晰的地块，可以采用开发商与产权人联合开发，社区以“产权入股”方式从再开发中获得长期收益，为历史街区自我维护与持续发展提供资金保障。

（四）产权人自主更新

对于拥有使用权的产权人，不需要通过土地市场，在遵照街区规划和政府相关政策要求的基础上，进行自主的个性化开发。政府要提供简明的办理程序，最好能提供部分经济资助、技术指导等。政府同样也要严格控制不符合要求的改造，否则就是违法建筑。该形式适用性广泛、灵活性大，亦可以和其他形式合作或作为其他形式的补充。

总之，应在历史街区保护与土地再开发中，按照政府主导、市场运作、多主体参与模式的要求，根据具体情况采取适当方式。大规模功能单一的改造模式由于简单化的处理忽视历史街区特有的文化、商业发展及其多样化特征和风格，破坏了街区活力，不仅会降低经济效益，还会加重旧城交通、市政和环境压力。而小规模功能综合的改造模式因其灵活性和适应性增强了可操作性[229]。针对历史街区的具体困难，政府要发挥主导作用。对于一些市场开发前景和预期收益不佳的历史街区，应控制非理性的土地再开发行为，保护其不受市场化无序开发的破坏。对于自身无力开发的，政府应该通过公共财政支出或从相对优势的历史街区合理开发利用所得的收益中给予补贴[196]。同时，为实现历史街区有效保护和土地资源的集约利用，应秉承保护优先的原则和循环利用可持续发展的核心理念，可考虑通过积极探索地下建筑开发技术，拓展土地利用空间，提高土地集约利用水平。

四、优化保障体系，提供坚实支撑

历史街区对多样化的土地再开发方式实施管理时，无论是采取哪一种土地再开发管理形式和调控机制，都需要有强有力的保障支撑，在政府提供法制政策、实施调控以外，参与各方也必须给予保障支撑。

(一)来自开发商的保障

在历史街区土地再开发过程中，开发商的作用存在着两面性。一方面，由于利益驱动，产生一定的负面作用；另一方面，开发商对于历史街区改造和土地再开发带动地方经济发展还是具有显著的推动作用。在社会主义市场经济体制下，开发商不再只是简单地以获取特殊利益为主导的社会群体，而是社会主义市场经济的主体之一，在某种程度上是与政府共同推进城市化进程的动力源。随着市场机制的不断完善，历史街区土地再开发行为越来越多地受到经济行为的影响，政府需要懂得市场经济运作规则，与开发商一起提升历史街区土地再开发的效率，增加收益，这要求政府与开发商在历史街区保护和土地再开发过程中要互相配合。对于开发商来讲，随着市场体系的完善和城市等级的不断提升，城市产业的转型升级迫使开发商认识到历史街区中所蕴含的巨大商机，认识到遵循历史文脉，展现文化特色和本色、提升文化品牌功能的历史街区改造和土地再开发将会给自身发展带来极大的潜力。因此，开发商也在逐渐转变观念，在意识到巨大商机的同时，意识到自身的社会责任；认识到在与政府和社区居民的合作中，与其发生冲突矛盾，不如协调合作，寻求多赢的新的游戏规则。现在，越来越多的开发商以一种全新的基于保护利用的理念深入历史街区改造和土地再开发，为历史街区保护利用的融资提供良好的范式。

（二）来自公众的保障

公众参与历史街区保护与土地再开发的决策不仅从政府手上分走了权力，也从政府与开发商的博弈中替政府分担了责任。凡是公众积极参与并支持的历史街区土地再开发政策，在实施中就会得到市民的支持从而进展顺利。从积极的角度来看，广泛的、制度化的、自下而上的公众实质性参与可以起到集思广益的作用，可以有效地去除中国现代城市建设决策中自上而下、少数精英化决策所带来的弊端，从而有效地减少在历史街区动态保护中的决策失误，使决策更为正确。公众的参与有助于提高历史街区土地再开发的透明度，加强对政府的监督，公众参与的历史街区动态保护决策，能够代表广大公众的利益和愿望，这对增强城市凝聚力、提高政府威望都将起到重要作用。从国外的案例来看，公众的参与确实可以完善历史街区的土地再开发法规，促进历史街区保护的法制建设。日本的历史环境保护从 20 世纪 60 年代后期开始迅速成为深刻的社会问题，与此相关的公众参与运动以地方居民为中心，并得到专家的协助，通过向市政当局进言、向议会请愿、向民众呼吁等形式，使立法和国家政策有了根本性的转变。

（三）来自专家学者的保障

来自文物、建设、规划等不同行业的专家学者是历史街区土地再开发多元模式中的重要组成部分，承担着第三方评价者的重要作用。在历史街区土地再开发中，不同专家学者被开发商、产权人和政府请来做专业评估和策划，对历史建筑进行价值评估，使历史建筑既能保存遗产价值，又能通过改造更新得以继续使用并升值。在市场机制运行下，有些专家、学者也同样产生类似“经济人”的行为，为得到权威部门的承认或经济报酬而违背自己的职业道德，利用专业知识为权威背书。他们通过信息封锁、垄断控制决策过程，牺牲公众的理解和信任，导致城市风貌特色严重破坏，历史建筑错位开发利用最终导致文化遗产流失[212]。因此，具备良好职业道德和深度专业知识的行业专家学者是历史街区土地再开发得以科学实施的基本保障，并起着重大的作用。在具体的历史街区土地再开发中，应引入社会评价机制，由规划、文物、历史、建筑、法律等多方面的专家组成专家委员会，并保证专家的独立性，使各方面的专业意见得以畅通表达和充分考虑，有助于实现多方面利益均衡，使决策更加科学全面。

(四)来自民间保护团体的保障

在历史街区改造和土地再利用的过程中，有一个环节是不可或缺的，就是对历史街区保护的宣传和理念传播，以改变更多人对历史街区保护和土地合理再开发的认知，对推动历史街区保护起到积极的重要作用。除了政府相关部门承担这些宣传和传播工作外，更多地要借助各种民间保护团体的力量，这些团体和组织通过招收会员和志愿者、筹募资金、定期组织活动等对历史街区保护进行宣传；还有一些具有一定规模的团体和组织，通过设立奖金、进行相关培训、鼓励个人保护行为、提供相应咨询服务、出版自己的书籍和电子期刊等积极参与和推动历史街区保护利用工作。例如英国的古建筑保护协会自成立以来，采取多种形式和方法推进英国的历史街区保护工作，古建筑保护协会的会员，既包括大量从事保护工作的专业人员，也包括那些生活在古老住宅中的房产所有人，还包括关心老建筑命运的普通人，大家共同探讨和分享对历史街区保护的知识，宣传历史街区保护的重要意义，交流基于土地再开发的街区规划和环境设计，对历史街区发展做出了极大的贡献。

不同利益团体对城市发展有不同的价值标准和利益诉求，有时会相互矛盾甚至相互冲突，只有通过沟通才能使各类利益要求得以体现。

第五章

微观聚焦：
从南锣鼓巷看北京历史街区土地再开发与管理

北京旧城很多具有传统风貌的居住街区，以其特有的“胡同—四合院”居住形态和鲜活的传统居住文化成为延续北京生机和活力的重要载体之一，历史文化遗产保护是北京构成古都风貌、城市格局与传统文化的重要因素之一。以文化转向、休闲转向的功能转型带动历史街区保护与开发成为当前历史街区土地再开发的新模式。本章以北京南锣鼓巷历史街区为例进行重点分析。该地区自 2005 年以来，通过街巷环境整治、院落有机更新，改善了环境，吸引了众多文化创意产业的落户，逐渐成为京城知名的文化旅游休闲街区，引起了社会各界的广泛关注，很多学者从多个方面进行了论述。本章重在分析其在保护与开发过程中的土地再开发模式，并在与菊儿胡同模式相对比的基础上总结提升。

第一节　南锣鼓巷的整治改造分析

一、整治改造的动因

(一)风貌保护的内在要求

南锣鼓巷地区因在 1990 年就被列入第一批历史文化保护区的名单，逃过了北京旧城大规模改造的劫难，其原有的城市肌理和重要的历史文化建筑得以存续并成为今天北京旧城风貌保存最完整、城市特色体现最充分的地区之一[127]，而与此同时期的交道口东大街地区、海运仓地区被拆迁代之以大体量的高楼，成为历史街区保护中的败笔。尽管如此，随着时间迁移，该地区街区环境、胡同肌理和建筑外观因日常居住损坏严重，影响了街区的整体风貌与历史价值。

(二)街区发展的客观需要

以旧城风貌受损为代价，北京城市建设在上世纪末取得了长足进步，城市面貌为之改观，城市现代化建设提高到了新水平。但是，北京旧城区历史街区由于受到保护政策的限制，街区面貌和居住环境还停留在上个世纪的水平，不能适应2008年奥运会和城市发展的客观需要，也不符合以人为本的发展理念。历史街区的土地利用潜力得不到开发利用，土地资源优势不能转化为经济发展优势，影响了街区的经济社会发展。

(三)民生改善的巨大压力

与北京旧城其他地区相似，以平房四合院为主的南锣鼓巷地区普遍存在着房屋年久失修、院落内私搭乱建严重、违法建筑挤占有限的公共空间、街巷胡同环境脏乱差等现象(见图20)，以及中低收入群体多、人均居住面积小、改善愿望强烈而支付能力有限等困难(详见本书第三章)。据清华大学建筑与城市研究所对南锣鼓巷地区的抽样调查，20世纪90年代初，该地区住户人均居住面积低于4平方米的有18%，在4—6平方米之间的有33.7%，即50%以上的住户人均面积低于当时北京市人均居住水平[252]。

图20　南锣鼓巷的破旧街景：大杂院、破损建筑、拥挤的停车

二、整治改造的实施

进入 21 世纪以来，南锣鼓巷地区经历了从损坏严重到政府出面进行以环境整治为先导的保护整治过程。自 1999 年“过客”酒吧落户南锣鼓巷，街区商业逐渐发展起来。到 2005 年，南锣鼓巷沿街两侧已有 70 余家商户，与 50 余户居民相互交杂，还有私搭乱建 60 余处[①]；商家经营业态混杂，普遍规模较小，品质有待提升，文化色彩不浓厚；街区日客流量约 3000 人，商业发展尚未形成气候。当时，南锣鼓巷平均宽度只有 6 米，基础设施和公共服务设施缺乏，火灾、消防等安全隐患严重，街区风貌景观缺乏整体设计，古都风貌历史韵味不足。2006—2010 年，结合政府的 2008 年奥运环境整治和各项民生改善工程，南锣鼓巷先后重点实施了街巷环境整治、市政设施改造、院落修缮等多项工程，共投资 5 亿多元，街区品质得到明显提升，为南锣鼓巷文化休闲街的发展提供了物质基础和硬件保障。

（一）整治胡同街巷环境

2007 年，南锣鼓巷两侧 16 条胡同的整治被纳入 2008 年环境建设任务，对胡同外立面进行了保护性修缮；投资 1.2 亿元，完成了胡同的架空线入地工程，全面解决南锣鼓巷地区空中飞线交织问题，街区景观明显改善。2007—2008 年又投资 600 万元，先后整治南锣鼓巷两侧 16 条胡同，共整修外立面 3 万平方米。通过整治，胡同环境显著改观。

（二）优化街区胡同景观

2006 年，投资 1000 多万元，完成了南锣鼓巷雨污管线改造和路面铺装工程。2007 年 9 月—2008 年 6 月，投资 600 万元，按照《南锣鼓巷景观优化整治方案》的要求，拆除沿街两侧及二楼平台上违法建设 530 平方米，整修外立面 75 处，粉刷墙面 7400 平方米，清理不合格牌匾 120 块，设计更新牌匾 31 块，清除破旧遮阳棚 50

① 本章中未注明的资料来源均为交道口街道。

处，更新改建雨搭 41 处，修缮街巷两侧全部院落及商铺门前台阶 278 处，设计制作报箱/奶箱 21 处、仿古垃圾箱 100 个，修饰外挂电表遮挡 10 处，恢复建设“悬山”式牌楼、民国北京水准点、万庆当铺、财神庙等 4 处文化景观。2008 年 6 月，投资 2500 多万元，完成了南锣鼓巷主街架空线入地工程。通过以上工程，南锣鼓巷的景观环境得到明显提升。

(三)推进公共服务设施升级

2007 年 10 月，南锣鼓巷积极推进了“刷卡消费无障碍”工程，具备安装条件的 60 余家商户均可受理内卡和外卡。投资 200 万元，先后完成了 100 户商家防火报警喷淋系统工程，2 处厕所的升级改造工程，10 处无障碍设施改造建设和 1 处停车场整修建设。

(四)推动院落有机更新

2004 年以前，各种投资人在南锣鼓巷改造院落 44 个，搬迁住户 390 户。2005—2007 年，结合玉河风貌保护工程的实施，共拆除院落 80 个，搬迁住户 693 户。2008—2010 年，利用政策支持，按照“微循环”模式，在南锣鼓巷主街及两侧搬迁住户 22 户，置换面积 500 多平方米，既改善了居民的居住环境，也促进了街区风貌景观的提升，实现了历史文化风貌保护与现代文化休闲产业的协调。(见图 21)

图 21 正在改建的沿街房屋

图 22 改建后的四合院

三、文化创意产业聚集

从 2006 年对南锣鼓巷进行环境整治后，通过产业结构调整和引导，近年来，南锣鼓巷已成为一个展示北京古都风貌的重要窗口，一条集特色酒吧、特色餐饮、特色工艺和特色会所于一体的休闲旅游和文化创意特色街区。

(一)推进产业结构调整

为促进产业结构调整，街道制定了《南锣鼓巷商业街业态调整资金使用办法》及实施细则，设立了1300万元的业态补助专项资金和1200万元的房屋置换配套资金。通过置换、调整、限制、更新、招商等方式，先后对70余家商户进行优化调整，严格限制小商店、小吃店、小五金等不符合南锣鼓巷产业发展规划的业态，鼓励符合街区定位的商务休闲、文化旅游、艺术品交易、文化创意等产业的导入，逐步构成了较为合理的业态结构比例，文化休闲产业初步形成(见图23)，吸引了很多私人资本。如北京第一家私人剧场——蓬蒿剧场就是私人在中央戏剧学院旁承租了一个小四合院改造而成的，既丰富了南锣鼓巷的业态，更增添了文化氛围。

(二)培育文化创意产业

目前，南锣鼓巷地区集聚文化创意类商户146家，其中服装服饰店53家、创意礼品店31家、酒吧咖啡馆25家、文化餐吧16家、客栈会所12家、小剧场和书吧等其他业态9家，基本形成了文化休闲产业集聚态势。南锣鼓巷的酒吧、咖啡吧借势于四合院，空间不大但安静、雅致而古朴，是名副其实的“静吧”；餐吧菜式独到、风味各异，酒吧也有精致的西餐，尽管餐吧和酒吧的经营业态界限难以区分，但是较高的上座率表明了消费者的喜爱；特色工艺店和创意工作室，个性鲜明而张扬，吸引了喜爱民族工艺品和当代艺术的个性化消费者；小旅店多为民居改造而成，人称胡同旅店，人气旺盛且价格便宜，引来不少的中外背包客住宿。街区比较著名的商家有：1999年开业的南锣鼓巷第一家酒吧——过客酒吧，具有中式怀旧情调的沙漏咖啡等；文宇奶酪店、锣鼓洞天、韩香馆等餐吧；作为设计师工作室并售卖设计师文化创意作品的东方工艺品设计店，深受国内外游客垂青、走红色风和怀旧风路线的创可贴；以中国风为主要商品情调的连锁店：成家家居等以及东堂客栈、胡

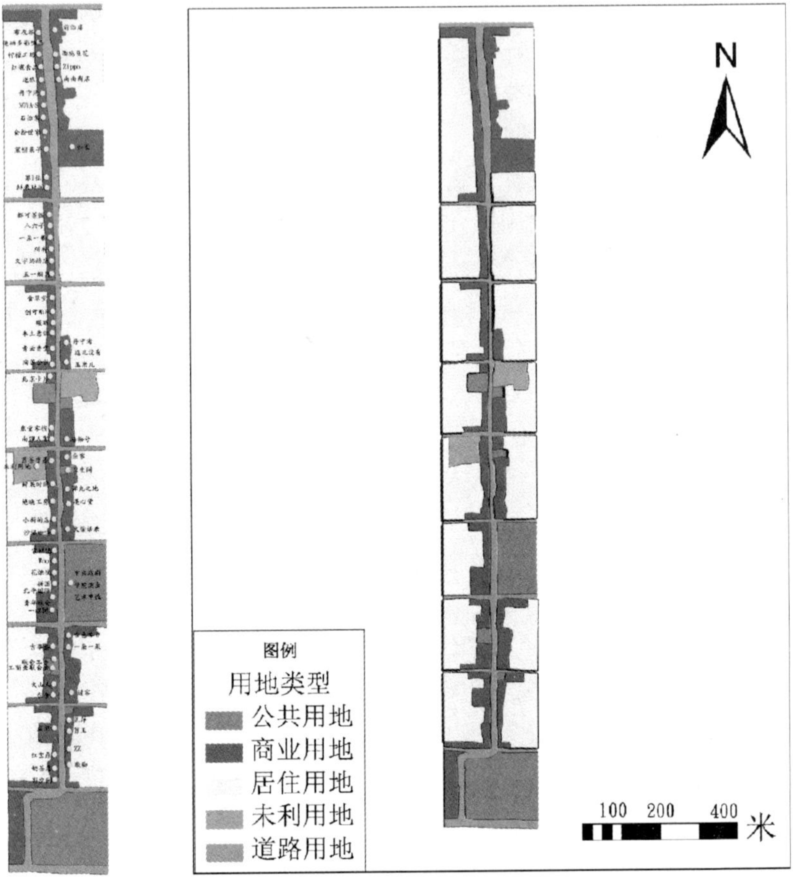

图 23　南锣鼓巷的主街两侧用地类型及店铺名称

同人旅馆等。

(三)强化商业街管理

随着南锣鼓巷的繁荣发展，配合 2008 年北京奥运会筹备工作，街道积极发挥属地职责，成立了南锣鼓巷消防队、交通巡逻队和治安巡逻队，加强对街区的日常管理，进一步规范商家的经营管理秩序；编印发放《南锣鼓巷特色商业街法律法规宣传读本》和《南锣鼓巷居民和商户管理服务培训手册》2000 余册，加强对商家的法律法规宣传，进一步提高商家的遵纪守法意识；会同南锣鼓巷商会，组织商家和居民参加了政策法规、手语交流、英语口语等多次培训，总计培训700人次，培训率均达到90%以上；规范商家中英文双语标识13处；深入开展“南锣鼓巷文明诚信示范店”评选活动，进一步调动商户文明经商的积极性，促进了文明素质的提高和法律意识的增强。

四、文化环境的营造

（一）深入挖掘历史文化

南锣鼓巷地区历史遗存丰富，文化底蕴十分深厚。街道与有关历史学家共同研究挖掘了辖区内的历史文化，编纂完成了100万字的《交道口街道历史文献资料集》，出版发行了10万字的《南锣鼓巷史话》，分门别类地记录了南锣鼓巷的历史变迁，编印出版了《走进南锣鼓巷》画册，进一步宣传和弘扬了街区历史文化。

（二）不断打造品牌文化活动

在每年春季举办的南锣鼓巷戏剧节，夏季举办南锣鼓巷消夏节，秋季举办南锣鼓巷胡同节；自2008年起先后参加了3次中国（北京）国际文化创意产业博览会和北京国际旅游博览会；自2009年起每年举办“南锣鼓巷保护与发展论坛”。积极开展南锣鼓巷“十大美食、十大特色店、十大景观”评选活动，进一步展示了历史文化街区的魅力，也吸引了全国一大批文化创意者的加入，使南锣鼓巷成为文化创意者的聚集地。

南锣鼓巷的快速发展，也赢得了社会的认同。2007年，南锣鼓巷被北京市民评选为“北京市十佳街巷胡同”；2008年奥运期间，澳大利亚21世纪创新国际评价中心根据对参加北京奥运观光活动的世界游客抽样追踪调查与媒体确认结果显示，南锣鼓巷被认为是“全球游客最喜爱的中国四大特色商业街”之一；2008年，南锣鼓巷获得了“第三届中国创意产业年度大奖”和“中国文化产业学院奖”；2009年11月，南锣鼓巷被美国《时代》周刊杂志推荐为亚洲必去的25处风情体验地之一；2009年12月，被国家旅游局评定为

3A 景区；2010 年 2 月被评为“北京请您来过年——最受喜爱的十大购物街区”称号，8 月被评为“新京味旅游十大名片”，11 月被评选为“北京市特色美食街”，并荣获第十四届联合国“国际花园城市与社区全球决赛”可持续发展项目金奖。南锣鼓巷以北京风情、胡同文化、创意小店、休闲街区为特色，正成为国内外游客旅游体验的必选之地。

2007 年，为贯彻北京市大力发展文化创意产业的战略部署，市旅游主管部门牵头制定了《北京市文化旅游创意产业发展实施方案》，提出“建设南锣鼓巷和南新仓民俗文化旅游休闲区。围绕消失了百年的玉河(长 1.5 公里)水穿街巷景象在京城的重现，修缮开放一批特色四合院、府邸，以钟鼓楼、南锣鼓巷酒吧街和南新仓文化休闲街为重点，建成以传统四合院民居为代表的，集特色住宿、特色酒吧、特色餐吧、特色旅游观光、民俗风情为一体的民俗文化旅游休闲区”①。

第二节　南锣鼓巷文化休闲街兴起的成因

一、历史悠久，文化资源丰富优势明显

南锣鼓巷街区是指鼓楼东大街以南、地安门东大街以北、地安门外大街以东、交道口南大街以西的地区，现属东城区交道口街道管辖。南锣鼓巷地区位于元大都的中心区域，是“左祖右社、面朝后市”城市格局中“后市”的组成部分。该地区初建时沿用了“里坊制”建筑思想，其架构以南锣鼓巷为轴线，两侧对称分布着各 8 条平行胡同，状若鱼骨，又似蜈蚣，因此，南锣鼓巷也称“蜈蚣巷”(见图 24)。胡同名称从元代沿用至今，是中国现存唯一完整保存着元代胡同院落肌理原貌的棋盘式传统居住区。

作为北京古都风貌的重要组成部分，胡同和四合院承载着古都

① 北京市旅游局：《北京市文化旅游创意产业发展实施方案》，2007 年。

的文明。南锣鼓巷是北京市首批历史文化保护区之一，现有1000多个四合院院落，保护完好的尚存数百个，其府邸和四合院呈现浓厚的民居特色，与毗邻的故宫皇家宫廷建筑群相映成趣。其中，全国重点文物保护单位1处、北京市文物保护单位11处、东城区文物保护单位10处、挂牌保护院落31处。这里集中了大量明清四合院和私家花园，建筑规制较高，格局大小不一，各具特色，有僧王府(板厂胡同32、33号，原清末蒙古王爷僧格林沁的府邸，北京市文物保护单位)、可园(帽儿胡同9号，为清光绪年间大学士文煜的附宅之园，国家重点文物保护单位)、婉容故居(帽儿胡同35、37号，为清朝末代皇后婉容婚前的住所，北京市文物保护单位)等以及帽儿胡同11号四合院(清代大学士文煜所建，北洋军阀统治时期的代理大总统冯国璋购入后，安装了自来水和电灯，并重新油饰。新中国成立后，为朝鲜驻华大使馆，现为某单位宿舍，原建筑基本保存，但临时建筑很多，显得有点杂乱，北京市文物保护单位)、黑芝麻胡同13号院(原为荣禄的叔父，刑部尚书、四川总督奎俊所有，民国时期卖给了外交总长顾孟余，东城区文物保护单位)、秦老胡同35号院(又名“绮园”，原为清末内务府总管大臣索家宅子的花园部分，后重建为三进院落，东城区文物保护单位)、菊儿胡同3号、甲5号和寿比胡同6号旧宅园(清末荣禄的故宅，东城区文物保护单位)、茅盾故居(后圆恩寺胡同13号，北京市文物保护单位)、后圆恩寺7号(原为清末庆亲王奕劻次子的府邸，抗战胜利后曾为蒋介石行辕，新中国成立后做过南斯拉夫使馆，北京市文物保护单位)等。此外，南锣鼓巷59号是明清之际著名人物洪承畴的家祠，东棉花胡同39号中央戏剧学院所在地原为段祺瑞执政府陆军

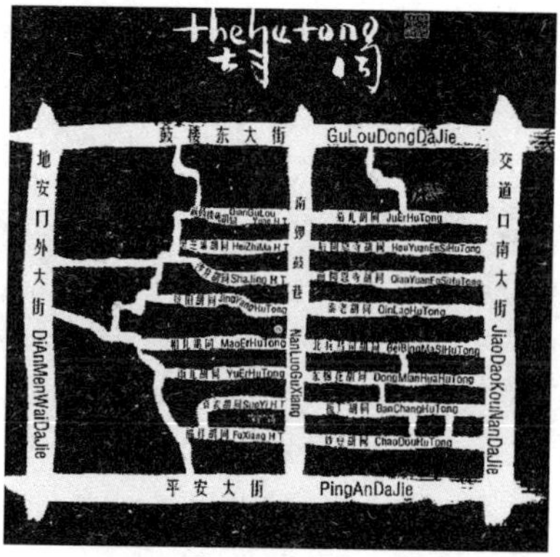

图24　南锣鼓巷的“鱼骨式”胡同结构

总长、代理国务总理靳云鹏的宅第，齐白石曾在雨儿胡同 13 号暂住。可见，皇亲贵胄、民国元首、文化名人、大师巨匠等，都曾在这里居住或活动，积淀了丰厚的历史文化①(见图 25)。

图 25　南锣鼓巷的名人故居(自左到右：可园、齐白石故居、茅盾故居)

二、条件优越，文化产业发展早有基础

南锣鼓巷具有文化资源的优势和区位条件，发展文化产业早有传统。当文化旅游业刚兴起、什刹海面向外国游客发展“胡同游”时，紧邻什刹海文化旅游休闲区的南锣鼓巷就与钟鼓楼一道成为老北京胡同游的一条重要线路。外国游客乘着三轮车到黑芝麻胡同、前鼓楼苑胡同的接待户家庭喝茶、吃饺子，参观了解老北京的胡同文化，成为当时的风尚。位于板厂胡同的侣松园宾馆(三星级)是最早接待外国游客的四合院宾馆之一。

借助 2008 年北京奥运会机遇，利用整治街巷胡同环境、院落微循环、排危解困、修缮改造疏散等一系列政策的出台和资金资助，南锣鼓巷改善了街道环境。2008 年北京奥运会和残奥会期间，南锣鼓巷接待了包括奥组委主席罗格夫人在内的众多奥运官员和贵宾，蜚声海外。

三、政府主导，协调利益引导各方参与

在当今大政府、全能政府的体制下，街区的形成发展没有政府始终如一的强力支持是不可能的。尤其值得一提的是在街道层面，注意发挥规划的引导作用、专家的专业支撑作用，改变过去自我为

① 东城区文化文物局编：《北京市东城区文化文物志》，2000 年。

主、全包全揽的做法，在进行多项改造提升项目的过程中，实施了“街区规划进社区行动”，向社区居民和沿街商家宣传、讲解《南锣鼓巷保护与发展规划》，取得了社区居民和商家的认同和支持；在进行沿街景观整治过程中，与商家共同商议整治设计方案，倾听商家的意见和建议，引导社区居民、沿街商家和社会力量的参与。

2009 年，南锣鼓巷客流量累计达到 200 万人次，年销售总收入突破亿元，带动就业 1000 余人。2010 年，南锣鼓巷客流量突破 300 万人次，实现销售收入 1.1 亿元。销售创意文化衫的“创可贴一8”年销售收入达到 400 万元以上，还在海外设立了专卖店；以四合院住宿为主的秦唐府 7 号院，住宿的客房需提前半年才能预订到；展卖社区居民手工艺品的社区工艺坊开业仅两个月就已实现销售收入 7 万元。社区居民每年房租收入可达到 2000 万元以上，真正享受到街区发展的成果。

可以说，对于南锣鼓巷文化休闲特色街的成功，文化资源优势、区位优势和政府支持等因素缺一不可。南锣鼓巷的经验和模式可以借鉴，但成功不可复制。如与南锣鼓巷一条马路之隔的北锣鼓巷文化资源相对缺乏、基础条件不佳、胡同窄狭、院落拥挤不甚规整。该地区虽然被列为第二批历史文化保护区，个别院落也进行了改造和功能置换供文化创意产业入驻，但至今历史文化休闲街区的氛围仍未形成，市场影响力和知名度仍然不大。

第三节　南锣鼓巷土地再开发过程中的问题及成因

一、产权归属与结构冲突

南锣鼓巷的平房四合院有很大一部分为中央、部队所属，封闭性强，游离于地方管辖之外。直管公房和单位自管房作为计划经济住房分配制度的产物，由于产权关系不明确，公有产权的所有者如房管部门仅靠收取低房租维持不了正常的房屋维修，房屋的使用者因没有所有权而不愿投资维修，造成房屋人为破坏。复杂的建筑权属和管辖权限在很大程度上影响了街区的整体开发和历史文化的展示，更谈不上用于文化休闲产业的发展，对整个历史街区保护与开发的系统性工作形成了一定程度的制约。

二、土地价值与现有经营类型的冲突

南锣鼓巷休闲文化街是在自发形成的基础上，由政府加以适当引导，完善基础设施，促进了街区的发展繁荣，从而成为京城著名的街区之一。商业主要集中在主街两侧，对居民生活和街区风貌的不良影响不算很大。但街区过度商业化、业态过度竞争的情况普遍，产品抄袭影响了创意产业的发展，也挤压了利润空间[128]。创意产品对历史文化元素利用不够，沦为普通商品，降低了商品附加值，使街区的业态趋同、特色削弱，影响竞争力。

由于房租上涨迫使特色商家异地经营的情况也时有发生①。对于一个有历史的文化街区，自身的文化品牌意识非常重要。这种品牌可以是由街区的业态功能定位而凸显的品牌，如酒吧街、文化休闲街等，也可以是入驻其中的一家或几家有特色、有历史、有人气的品牌老店。特别是对于像南锣鼓巷这样，与早期的什刹海以及后起之秀五道营、方家胡同等均以历史文化为特色的历史街区而言，

---

① “以前这里的房租撑死了每月一两千元就能拿下，四年前涨到了三四千元，两年前涨到了五六千元，现在一个10平方米的小门脸儿，也得要每月8000元才能租得下，好点儿的房子月租金要两三万元。”一家中介公司门口贴着的价格，可能是这一带最贵的门脸儿房：面积为400平方米，年租金60万元。南锣鼓巷最早一批店铺，都是从住在这条胡同里的居民手中租来的。随着门脸儿房被陆续出租，沿街的居民们大多也已迁至他处。“有时候别人相中了一套房子，就是不知道房东是谁；我们找居委会、找派出所，费了半天劲儿也不一定联系得上。”按照房屋中介人员的说法，直到最后签合同的时候，房东才有可能露面；而在此之前，和租房者打交道最多的，除了中介公司，就是这个店铺的上一任老板。《南锣鼓巷：飞涨的转让费谁是最后接盘人》，搜狐新闻，2009年3月23日，http://news.sohu.com/20090323/n262960009.shtml。

一定要能留住并打造几个带有鲜明文化特色的品牌店，以支撑和凸显其历史文化街区内涵，而不只是作为一个出租商铺的街区。政府如果不加以引导，在投资者逐利的过程中，追逐高额地租的短视行为必然会加剧历史街区已有特色的消失，最终导致街区重新衰退。

三、街区保护与经济发展良性互动的机制尚未形成

南锣鼓巷借助文化创意产业和消费文化的兴起而繁荣，但街区面临着严重的交通、停车问题，基础设施建设和公共服务跟不上街区产业的快速发展。对于街区未来的发展、业态的调整、风貌的保持如何进行适度控制，使之保持在街区的环境容量范围内，是一个值得思考的课题。如街区的发展使部分居民和商家受利益驱动私搭乱建、开门打洞进行经营，破坏了整体风貌，而政府因缺乏有效的执法依据和执法手段不能进行有效制止。同时，历史街区的保护不会因为经济发展而自动改善，文化创意产业发展反哺历史街区保护的机制尚未形成，资金投入仍然不足，历史风貌保护任重道远。

第四节　南锣鼓巷土地再开发模式

1988 年，南锣鼓巷地区的菊儿胡同改造更新(见图 26)实践催生了有机更新理论。菊儿胡同改造最早采取了小规模有机更新的方式，居民成立了住宅合作社，参与方案设计，并承担了回迁的小部分费用，这在当时都是突破性的改革之举。南锣鼓巷地区 21 世纪以来的改造是在菊儿胡同实践的基础上、在社会主义市场经济体制中、在文化创意产业的推动下开展的新的探索和实践，是新形势下对菊儿胡同实践的丰富和发展。

一、筹资模式：政府启动，带动社会投入

资金筹措是历史街区保护与成败的关键。有学者总结了南锣鼓巷“拨款启动、赞助运营”的融资模式，认为采取了争取政府拨款启动保护工作、依靠社会赞助维持发展运营的“两步走”方式，以 3.7

图 26　今日菊儿胡同(外景、院内)

亿元市财政专项资金启动，发挥杠杆作用，逐渐撬动了后续社会投资；积极支持引导产权单位、私房主及各类社会资本参与街区改造[129][128]。相对于菊儿胡同项目中大部分费用由政府和居民所在单位承担、回迁居民承担小部分费用的情况，南锣鼓巷改造中资金筹措的渠道更广、市场化程度更高，政府、居民和社会资本的投资分工和目标更加明确。在南锣鼓巷地区的改造中，区级政府利用争取到的市级政府专项资金、重大项目建设资金以及奥运筹备的各项工程资金，统筹考虑，统一安排，开展南锣鼓巷的改造提升、环境整治和市政基础设施改造等工程，极大地改善了街区环境和设施配套，为街区发展营造了良好的硬件环境，为随后南锣鼓巷社会知名度的提高奠定了基础，从而吸引了大量社会投资者和投资项目，形成了良性循环。对于居民而言，市、区政府分担基础设施建设和公共项目费用的做法减轻了居民自我改善的资金压力，改造项目分散在几年时间内陆续、持续进行的实施方式降低了居民的筹资难度。南锣鼓巷“政府启动，带动社会投入”的模式实现了政府主导作用和市场配置资源作用的有机结合，是历史街区小规模土地再开发的有益尝试。

二、整治模式：政府主导，促进有机更新

南锣鼓巷地区“大规模保护与小尺度建设”整治模式的关键在于整治过程中采取循序渐进的手段，注意把握尺度，逐步完成了房屋的产业空间置换[127]。其整治方式体现了“小规模、渐进式”的核心

理念，具有更多的灵活性和针对性，更能体现街区发展的连续性和多样性，有利于增进街区活力。直管公房运营机构负责对街区直管公房进行整治更新经营，采取先找好客户后迁出居民、按照客户需求修缮或翻新旧建筑的方式，这种小规模、渐进式的整治更新更加符合个体消费需求，也避免了大规模拆迁容易产生的政府与居民的直接矛盾。[133]相对于菊儿胡同项目院落一年时间内彻底翻建，南锣鼓巷此次院落有机更新涉及面更广、持续时间更长、更新形式更多。政府在长达几年的街区整治改造中，提前做好基础设施的更新改造，提供了各种保障，街区的繁荣发展提升了居民和商户的信心。

三、业态模式：文化创意，催生街区繁荣

城市创意产业与历史街区保护既相互对立又相互促进，两者的良性互动促进城市的可持续发展。前者为历史街区保护提供资金支持和动态保护机制，后者为文化创意产业创造良好的人文环境，并注入创造活力[231]。文化创意产业符合北京旧城历史街区的空间形态。南锣鼓巷“文化创意产业主导”的业态模式抓住了历史街区特色与现代城市发展的契合点，满足了现代市民的消费需求[129]。相对于菊儿胡同项目全部作为居民住宅，南锣鼓巷此次更新的院落功能更多，尤其是吸引了大量文化创意产业落户，形成了文化休闲特色街区。据最新统计，截至 2012 年 10 月，南锣鼓巷主街共有商家 199 家(正在营业商家 192 家)，其中西侧商家 132 家(正在营业商家 127 家)，东侧商家 67 家(正在营业商家 65 家)，店铺经营以文化创意类为主(见图 27)。

四、管理模式：政府牵头，引导各方参与

居民和使用者这一主体是旧城改造中最应该关注的目标群体，南锣鼓巷实践最成功之处在于将他们的利益放在了首位。通过政府和其他主体的共同参与，历史街区可以在一个相对稳定的大环境下渐进式自我更新，克服了以往一刀切的弊端[130]。南锣鼓巷地区“多

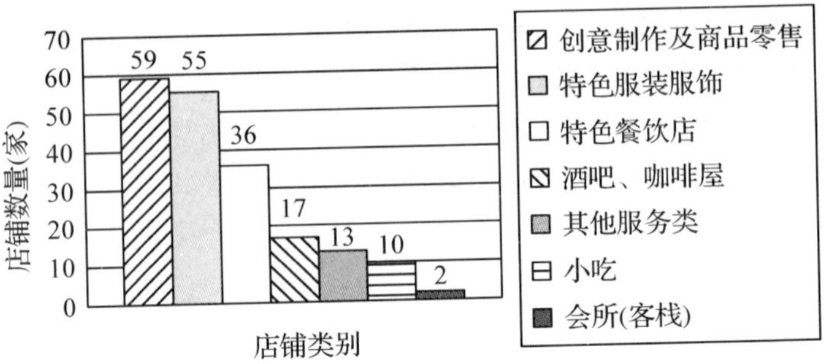

图 27　南锣鼓巷店铺分类图

主体参与”的管理模式分担了政府的行政负担，调动社区发展的内在动力，各相关主体发挥各自作用，共同致力于街道环境的提升[129]。菊儿胡同项目和南锣鼓巷此次改造都注意到了专家和居民的参与，只是后者还涉及房屋的使用者(商家)和社会公众。无论在南锣鼓巷整治中还是在街区的管理中，政府都发挥了不可替代的重要作用，其最大的创新之处就是使专家、居民、商家和第三方组织能实质性地参与前期过程，并影响决策，各方的参与不仅使决策更加科学合理、减少了实施阻力，更重要的是，使参与各方以街区繁荣发展为己任，形成了街区保护与发展的共同体。多主体参与符合公共管理发展的趋势。

五、模式总结：政府主导，市场运作，多主体参与

综上所述，南锣鼓巷“政府启动，带动社会投入”的筹资模式、“政府主导，促进有机更新”的整治模式、“文化创意，催生街区繁荣”的业态模式和“政府牵头，引导各方参与”的管理模式，都体现了政府的主导作用和各方的积极参与。南锣鼓巷土地再开发模式的核心是“政府主导，市场运作，多主体参与”，是菊儿胡同模式的延续与发展。

(一)政府的主导作用

政府作为公共利益的代表，行使社会管理、公共服务的职能，维护公共利益，克服自身的利益冲动。在南锣鼓巷案例中，以街道

为代表的基层政府较好地体现了政府的主导作用：一是政府积极争取上级政府的支持和资金、项目资助，投资改造地区基础设施、改善地区环境，为吸引社会投资和居民参与提供了基础，提升了土地资源的价值。二是政府在持续实施民居改善、院落有机更新和街区管理的过程中，以规划为龙头，引导居民和商户主动按照市场配置资源的要求进行房屋修缮和功能转换，以文化创意产业为载体，促进街区的繁荣发展，进一步提升了土地的利用效益，发挥了土地资源的潜力。三是政府在实施各项规划、改造、整治和管理中，有意识地引入居民、商家、商会、专家的参与，保障弱势群体的基本权益，协调平衡不同主体的利益，增加了街区的多样性、创造力和活力，促进了街区的可持续发展。四是政府积极牵头组织制定规划、开展品牌宣传、组织文化活动、进行宣传培训等公共服务，提升了街区的影响力和美誉度；通过改善交通、停车状况等，提高了街区的可达性和便捷性。这些都增加了街区的无形资产和附加值。

(二)市场化的运作

南锣鼓巷的成功案例中，市场发挥了重要作用，主要体现在：一是街区房屋的修缮、置换体现了市场导向，无论是产权置换还是拆迁安置都以市场价格进行评估。二是居民根据市场需求选择更新方式。三是文化创意产业结合了历史文化价值和土地价值，社会资本在市场机制的作用下进入，繁荣了街区经济。四是居民享受到了街区升值的效益。

(三)各方的实质性参与

公众参与是现阶段中国各项社会事务的弱点和难点。在南锣鼓巷的案例中，公众参与是一个可喜的创新和突破。主要体现在：一是专家参与规划的制定，为南锣鼓巷的整治和改造树立了科学的保护理念、提供了明确的发展思路，避免了北京旧城大规模危改各自为战、破坏风貌、损害稀缺历史街区土地资源的弊端，有利于历史街区的可持续发展。二是居民在院落微循环改造中，对于房屋修缮方案有了更多的个性化选择，增加了生活便利和街区的多样性；弱势群体的权益因特殊的补助政策而得到保障。居民分享到了因街区产业发展产生的房屋升值利益，增加了对历史街区价值的认识和保护责任的意识。三是社会资本的加入促进了房屋功能转换。街区的商家还成立了南锣鼓巷商会，在街区整治、宣传促销、行业自律等方面发挥作用，减轻了政府行政管理的压力，有利于街区的规范化。四是社会公众通过各种渠道发出自己的声音，影响南锣鼓巷的发展的方向。总之，政府、居民、使用者、专家和社会公众等利益相关者的相互合作，“自上而下”与“自下而上”相结合，促进了决策科学化。

第六章

结　论

第一节　主要结论

本书首先介绍了历史街区保护的当代背景及其保护的重要意义，论述了与之相关的理论基础及国内外历史街区保护发展、土地再开发的进程和实践经验，在系统梳理北京旧城进行历史街区保护和城市土地再开发与管理的历程和经验教训的基础上，分析总结北京旧城历史街区保护现状及存在的问题。从历史街区土地再开发的视角论述了历史街区土地再开发的价值、效应，提出了四种土地再开发模式，并重点介绍了“政府＋开发商＋公众”多元主体的历史街区土地再开发模式。通过对历史街区保护的土地再开发原则、各个利益主体及其价值取向的分析，从法制政策、调控机制、开发形式和保障体系等方面提出历史街区土地再开发的建议，以进一步优化管理。最后，微观聚焦南锣鼓巷，从实证分析中总结经验，丰富了国内历史街区保护及土地再开发相关研究，为中国历史街区保护提供一些新思路和方法，为完善历史街区保护机制贡献了一份力量。

本书的主要结论如下：

(1)国内历史街区保护现状不容乐观，保护难度大。一方面，随着城市化进程的加快，城市发展与土地资源紧缺的矛盾越来越大，包括历史街区在内的旧城区成为各利益集团争夺的“热点地带”，随之而来的大规模旧城更新改造给历史街区带来了致命的破坏，现代社会土地的市场化运作、房地产业的蓬勃发展、住房的商品化以及产业结构的调整升级都使得历史街区保护工作比以往更加难以实施。另一方面，很多历史街区年久失修，破败不堪，居住环境差，已经满足不了居民的现代生活需求，街区原有功能与城市新功能之间冲突明显，不能适应城市发展，急需更新改造，但历史街区本身却缺乏自我保护与更新的能力，这样往往沦为开发商追求高额利润的资本。

(2)国际社会和各国对历史街区保护的认识不断深化。从《雅典宪章》到《西安宣言》，从最开始的“梁、陈方案”到目前一系列有关历史文化名城、历史文化保护区/历史文化街区保护的相关法律法规，体现了国际社会和中国的历史街区保护思想经历了一个从无到有，从不完善到渐成体系，从博物馆式的静态保护到致力于街区复兴、融入城市发展的动态保护的过程，体现了人类对历史文化遗产认识的不断深化和思想境界的不断提升。目前，历史街区保护已不再局限于物质层面的实体建筑，而是将历史街区原住民所继承的历史积淀下来的生活方式、风土民俗和道德观念看作历史街区真正价值之所在。

(3)国外发达国家历史街区保护理论和实践经验值得借鉴。历史街区的改造与振兴是历史城市旧城区面临的普遍性难题，如何使这些仍具有经济文化历史价值的街区重新焕发活力，延续历史文化脉络，并为新的城市发展注入活力，英、法、美、日、德等国经历了长时间的理论和实践探索，形成了较完善的保护体系，积累了丰富的实践经验，取得了显著的保护效果，虽然各国情况各不相同，但成功的要素却相似，其共同点是：科学的保护理念、完善的法律体系、有效的管理体制、小规模渐进式保护、深厚的民众基础以及政府的资金扶持。

(4)北京旧城历史街区的保护与开发走了一条曲折的弯路。新中国成立后，在把历史遗产作为封建残余和落后生产力象征的错误观念指导下，历史街区受到损坏，四合院变成了大杂院。改革开放后，大规模危改在改善居民生活条件的同时，给历史街区带来了建设性破坏，大量胡同四合院消失，被高楼所取代。大规模危改对历史风貌的破坏引发了反思，唤醒了全社会对历史文化遗产保护的重视，历史街区保护的理念得以确立并逐步落实，催生了历史街区保护更新的实践探索。以筹备 2008 年北京奥运会为契机，借助文化创意产业的兴起，北京的历史街区保护和复兴进入到新的阶段。

(5)国内历史街区的保护与开发存在问题多，历史街区保护和开发是在错误的理念和原则下进行的。以北京旧城为例，主要存在着现实复杂性与认识误区、短期经济利益与长期社会效益、资金来源单一与缺乏公众参与的组织架构、功能混杂与缺乏产业支撑、街区社会结构变化与传统延续等矛盾与问题。无论是政府还是开发商，对街区的保护与开发工作存在的误区置若罔闻，以一种错误的理念和原则来指导历史街区的保护与更新，使得一些原本有机会重焕活力和生机的历史街区，变成了他们错误或不成熟理论下的牺牲品。通过反思，提出在以后历史街区保护与开发过程中要重视外部环境的影响，加强政府宏观调控和政策协调，推动理论研究并鼓励创新，引导公众参与等建议，处理好保护过程中的各项矛盾，保证社会、经济、环境的可持续发展。

(6)历史街区土地再开发成效明显，负面影响也不少。以北京旧城为例，改革开放以来历史街区大规模危改改善了居民的居住条件和街区环境，促进了城市功能更新和用地结构优化，促进了文化传承，提升了城市品位，带动了经济发展。但是，城市功能的聚集加重了旧城压力，建设性破坏和过度商业化影响了旧城历史风貌，社会结构解体削弱了旧城人文环境，土地再开发容易引发积累社会矛盾，影响社会和谐稳定。历史街区土地再开发呈现了以房地产开发导向为主要模式、地方政府角色表现出企业化倾向、多元化主体利益角逐导致冲突激烈以及土地再开发规划控制的失灵等特征。

(7)在历史街区土地再开发的四种模式——政府主导型、开发商主导型、政府主导＋开发商参与型、多元主体参与型中，前三种土地再开发模式均忽略了居民意愿，而居民与历史街区朝夕相处、利益攸关。土地再开发的过程实质上是一个利益再分配的过程，没有公众参与，只靠政府和开发商的模式会损害居民合法权益，不符合以人为本的理念，容易引发社会矛盾，导致历史街区土地再开发的不可持续。多元主体型历史街区土地再开发模式及其在新时期下个性化保护的延展形式注意发挥政府主导作用和市场机制的作用，重视公众参与，正视各利益主体及其不同的利益观，通过合适途径协调平衡各主体的利益，实现历史街区的可持续发展。

(8)土地再开发是历史街区保护利用的有效途径和手段，也是一种重要的城市管理方式。土地再开发管理要在保护的前提下，坚持可持续发展、以人为本、综合效益、精细化管理、多样化和动态平衡等基本原则。在历史街区土地再开发中，各主体承担着各自角色并在利益链条中相互关联、相互作用，形成一个有机整体。基于多元主体的土地再开发模式对这些参与主体提出相应的保障要求，以优化管理。特别是提出政府要进一步完善法制政策，健全调控机制、创新多样化的开发形式。

(9)北京南锣鼓巷历史街区土地再开发模式摒弃了传统意义上的大规模推倒重建的改造与更新模式，采取了以政府主导、市场运作、多主体参与的多元主体型土地再开发模式。政府在资金筹措、公共基础设施建设、制定街区整体规划、引导文化创意产业发展和品牌培育等方面都发挥了重要作用。以居民和使用者为主体、政府协助、多方参与改造，小规模有机更新，让各个参与主体的能力得到最合适和最大范围地发挥，增加了街区的多样性、创造力和活力，促进了街区的可持续发展。但同时街区保护与经济发展良性互动的机制尚未形成、过度商业化与历史文化元素利用不够、街区品牌难以持续的隐忧，在一定程度上影响了其作为文化休闲历史街区功能定位的延续与深化。

(10)多元主体型历史街区土地再开发模式是未来国内历史街区保护与开发的主要模式。历史街区之所以成为各方利益集团争夺的对象，说到底是因为它所具备的特殊的土地价值，所以研究历史街区土地再开发实质上是研究各个主体的利益分配。在多元主体模式里，政府、开发商、居民都是历史街区土地再开发的动力主体，同时也强调了专家学者、民间团体等在其中的作用，他们构成了多元主体土地再开发模式的保障机制，以此形成保护历史街区的社会网络，调动了全社会的力量来关注历史街区，将切实有效地推动历史街区的保护与开发工作，促进历史街区的可持续发展。

第二节　有待进一步研究的问题

历史街区土地再开发的研究是一个动态的发展过程，城市化进程的推进和城市发展阶段的不同特点也对历史街区土地再开发研究提出新的议题和方向。在本书中，以下方面还需要今后继续加强研究，需要政府在未来的工作中进一步给予关注和重视。

1. 进一步提炼和研究历史街区土地再开发的调控机制

对调控机制的进一步提炼和研究是优化管理工作，保障精细化管理落地的重要环节，建立分目标、分对象、分层次、分阶段的实施管理和调控机制是关键。

2. 进一步推进中国特色历史街区保护利用立法程序

历史街区保护、改造和土地再开发是一项长期的持续性工作，因此，近期需要推进完善中国特色的历史街区保护利用立法程序，积极推动社区规划和地块规划纳入城市规划约束性规划，要求在进行城市总体规划编制时，配套编制历史街区的社区规划和地块规划，制定历史街区土地再开发综合管理条例。

3. 进一步完善公众参与的相关制度

针对不同的土地再开发模式，社区自主更新和公众参与是未来的趋势。但目前除了听证会制度外，还没有一套完整的公众参与和社区自主更新的相关制度，应该尽快研究出台有关公众参与城市管理的制度和程序准则。

4. 促进历史街区土地再开发的公共信息平台建设

当前北京正处于城市管理向精细化转型的阶段，对城市管理的方方面面都提出了更高的要求，其中智慧管治(Smart Govern)就是要求通过信息与通信技术，运用物联网和云计算技术，建设公共信息数字平台，实现多维和多源数据在历史街区土地再开发决策和管理支持系统方面的应用。

参考文献

[1]杜莹. 历史街区保护改造与旧城更新的区别和联系[J]. 山西建筑，2008，(11)：37－38.

[2]叶立梅. 对北京旧城功能调整的认识和建议[J]. 当代北京研究，2008，(1)：31－35.

[3]刘文俭，张传翔. 土地资源的节约集约利用与城市经济的持续稳定发展[J]. 现代城市研究，2006，(5)：55－60.

[4]刘蔓靓. 北京旧城传统居住街区小规模渐进式有机更新模式研究——以什刹海历史文化保护区烟袋斜街试点起步区为例[D]. 北京：清华大学，2006.

[5]陈曦. 西安城墙内侧历史地段保护规划体系研究[D]. 西安：西安建筑科技大学，2006.

[6]张明欣. 经营城市历史街区——宁波北外滩更新模式的思考[D]. 上海：同济大学，2007.

[7]Shaw D B，Bateman M，Ashworth G J. The European City：A Western Perspective[M]. London：David Fulton Publishers，1991. 56－57.

[8]Tiesdell S. Tension Between Revitalization and Conservation[J]. Cities，1995，(12)：231－241.

[9]Strange I. Local Politics，New Agendas and Strategies for Change in English Historic Cities[J]. Cities，1996，(13)：431－437.

[10]Carter B，Grimwade G. Balancing Use and Preservation in Cultural Heritage Management[J]. International Journal of Heritage Studies，1997，3(1)：45－53.

[11]Frochot I，Hughes H. HISTOQUAL：The Development of a Historic House Assessment Scale[J]. Tourism Management，2000，(21)：157－167.

[12]Doratli N. Revitalizing Historic Urban Quarters：A Model for Determining the Most Relevant Strategic Approach[J]. European Planning Studies，2005，(13)：749－772.

[13]Kimberly W，Jourdan D，Gao S. The Impact of Age on the Value of His-

toric Homes in a Nationally Recognized Historic District[J]. Journal of Real Estate Research, 2011, (33): 25—48.

[14]Rypkema D. Past Meets Future: Saving American Historic Environments [M]. Washington, D C: National Trust for Historic Preservation Press, 1992. 360—365.

[15]Forde, Helen. Preservation Policies - Who Needs Them? [J]. Journal of the Society of Archivists, 1997, (2): 165—173.

[16]Laurie J. Historic Preservation and Cluster Based Economic Development: Building the Future on the Foundation of the Past[J]. Economic Development Journal, 2008, (2).

[17]Marafa L M. Integrating Natural and Cultural Heritage: the Advantage of Feng Shui Landscape Resources[J]. International Journal of Heritage Studies, 2003, (9): 307—323.

[18]Heath T, Tiesdel S, Taner. Revitalizing Historic Urban Quarters[M]. England: Butterworth-Heinemann Press, 1996. 241—268.

[19]Coeterier J F. Lay People Evaluation of Historic Sites[J]. Landscape and Urban Planning, 2002, (59): 111—123.

[20]Chung Y. Study on the Assessment Framework of Living Environment of the Historic District[D]. Kaohsiung: Graduate Institute of Urban Development and Architecture, 2011.

[21]Pekoglu. An Architectural Evaluation Method for Conservation of Traditional Dwellings[J]. Building and Environment, 2006, 41(3): 386—394.

[22]Freestone R, Garnaut S, Christine M. A Methodology for Assessing the Heritage of Planned Urban Environments: An Australian Study of National Heritage Values[J]. International Journal of Heritage Studies, 2008, (14): 156—175.

[23]Linden J. Editorial. Where Do We Go From Here? [J]. Third World Planning Review, 1994, (16): 223—230.

[24]Lichfield N. Economics in Urban Conservation[M]. Dublin: Cambridge University Press, 1988. 168—170.

[25]Maharaj N. Historic Preservation Helps Spur Affordable Housing[N]. U. S. Mayors Newspaper.

[26]Lu J. Beijing Sold and Dilapidate Housing Renewal[J]. Cities, 1997, (14):

59—69.

[27] Herbert D T, Heritage. Tourism and Society[M]. London: Mansell, 1995.

[28]Listokina D, Listokinb B, Lahr M. The Contributions of Historic Preservation to Housing and Economic Development[J]. Housing Policy Debate, 1998, (9): 431—478.

[29]Yeoh B S, Huang S. The Conservation-Redevelopment Dilemma in Singapore: The Case of the Kampong Glam Historic District[J]. Cities, 1996, (6): 411—422.

[30]Marks R. Conservation and Community: The Contradictions and Ambiguities of Tourism in the Stone Town of Zanzibar[J]. Habitat Intl, 1996, 20 (2): 265—278.

[31]Taylor K. Cultural Heritage Management: A Possible Role for Charters and Principles in Asia[J]. International Journal of Heritage Studies, 2004, (10): 417—433.

[32]阮仪三，孙萌. 我国历史街区保护与规划的若干问题研究[J]. 城市规划，2001，(10)：25—32.

[33]戴湘毅，王晓文，王晶. 历史街区定义探析[J]. 云南地理环境研究，2007，(5)：36—39.

[34]丁承朴，朱宇恒. 保护历史街区延续古城文脉——以杭州市吴山地区的保护研究为例[J]. 浙江大学学报：人文社会科学版，1999，29(2)：87—92.

[35]林翔. 城市化进程中居住性历史街区保护与更新研究[D]. 泉州：华侨大学，2003.

[36]杨钊，陆林，王莉. 历史文化街区的旅游开发——安徽屯溪老街实例研究[J]. 安徽师范大学学报：社会科学版，2004，32(5)：525—530.

[37]李德华. 城市规划原理. 第三版[M]. 北京：中国建筑工业出版社，2001.

[38]杨新海. 历史街区的基本特性及其保护的原则[J]. 人文地理，2005，(5)：49.

[39]李晨. “历史文化街区”相关概念的生成、解读与辨析[J]. 规划师，2011，(4)：100—103.

[40]梅林，高林安. 长春历史街区的保护与旅游开发[J]. 资源开发与市场，2012，(8)：740—742.

[41]曾琼毅. 文化遗产框架下历史街区概念的诠释[J]. 四川建筑，2010，(3)：

17—18.
[42]刘祥生，安旭东. 旧城改造与可持续发展战略[J]. 长江建设，2000，(2)：21—23.
[43]郭璇. 城市历史街区保护与可持续发展系统的研究——重庆市湖广会馆历史街区保护发展规划概念设计[C]. 2002.
[44]李晖，丁宏伟. 可持续发展的历史街区保护[J]. 规划师，2003，(4)：75—78.
[45]阮宇翔，彭旭. 传统历史街区的环境更新与可持续发展[J]. 武汉大学学报：工学版，2002，(5)：67—69.
[46]陈文君，杨宏烈. 广州历史街区可持续发展探讨[J]. 珠江经济，2005，(8)：66—70.
[47]顾永红. 苏州历史水街区旅游可持续发展研究[D]. 苏州：苏州大学，2006.
[48]宋云飞. 历史文化名城开封旅游可持续发展研究[D]. 桂林：广西师范大学，2006.
[49]郝帅帅，袁书琪. 福州市三坊七巷历史街区文化旅游可持续发展探讨[J]. 福建师范大学福清分校学报，2009，95(6)：23—27.
[50]叶青. 历史文化街区的低碳发展之路——以福州三坊七巷为例[J]. 中国城市经济，2011，17—18(30).
[51]蒋楠，杨红波. 历史街区的整体保护与有机更新——以海安东大街历史街区保护更新规划为例[J]. 建筑与文化，2011，(11)：120—121.
[52]胡云，黎志涛. 常州市青果巷历史地段"有机更新"研究[J]. 东南大学学报：哲学社会科学版，2002，(4)：71—78.
[53]宋晓龙. "微循环"式保护与更新——一种适应北京历史街区保护的新概念[J]. 北京城市规划，2000，(1)：21—23.
[54]宋晓龙，黄艳. "微循环"式保护与更新——北京南北长街历史街区保护规划的理论与方法[J]. 城市规划，2000，(11)：59—64.
[55]张鹰. 基于愈合理论的"三坊七巷"保护研究[J]. 建筑学报，2006，(12)：40—46.
[56]华晨，梁影君. "嫁接更新理念"——后现代理论下历史街区更新保护方法的新尝试[C]. 2007.
[57]楼舒. 杭州历史街区保护与更新的思考[J]. 住宅科技，2011，(10)：60—63.

[58]阮仪三，顾晓伟．对于我国历史街区保护实践模式的剖析[J]．同济大学学报：社会科学版，2004，(10)：1－6.
[59]白潇．历史街区保护规划动态模式研究——以街子镇历史街区保护为例[D]．成都：成都理工大学，2009.
[60]陈敏．城市更新中的历史街区动态保护研究[D]．郑州：郑州大学，2008.
[61]郑利军．历史街区的动态保护研究[D]．天津：天津大学，2004.
[62]倪文岩．广州旧城历史建筑再利用的策略研究[D]．广州：华南理工大学，2009.
[63]夏健，王勇．历史街区重建建筑设计策略[J]．工业建筑，2010，(4)：33－38.
[64]孙乐．历史街区复兴中的"城市触媒"策略研究[D]．上海：同济大学，2008.
[65]张明珠．历史街区开发中景观复兴的研究[D]．南京：南京林业大学，2011.
[66]吕宣．保定市裕华路历史文化街道景观设计研究[D]．保定：河北大学，2011.
[67]郁震飞，陈保胜．历史街区消防规划初探[J]．中国公共安全：学术版，2009，17(4)：83－86.
[68]吕锋．中山路南宋御街历史街区的消防安全保障措施[J]．消防科学与技术，2010，29(8)：715－717.
[69]于果．历史街区保护性恢复中的消防措施探讨[J]．现代商贸工业，2010，(24)：375.
[70]任皓．昆明文明街历史街区改造与更新中的消防设计策略浅谈[J]．中外建筑，2011，(6)：120－121.
[71]李农，尹正姝．城市历史街区景观照明规划方法初探[J]．照明工程学报，2006，17(3)：40－50，56.
[72]惠英，张玉鑫，杨东援，陈君．历史街区的交通规划设计编制框架探讨[J]．城市规划学刊，2009，183(5)：101－106.
[73]卢骁，崔德平．基于和谐理念的城市历史街区的交通优化——以北京著名历史街区南锣鼓巷为例[J]．广州市公安管理干部学院学报，2010，76(2)：46－48.
[74]毕凌岚，钟毅．历史文化街区保护与发展的泛社会价值研究——以成都市为例[J]．城市规划，2012，(7)：44－52，59.

[75]李叶军，刘思璇．人居理论视角下的空间与社会形式解读——以长沙太平街历史街区为例[J]．中外建筑，2010，(10)：87－88．
[76]高朦，赵剑锋．历史文化街区市民文化保护措施研究[J]．小城镇建设，2011，(12)：68－72，104．
[77]王小丽．历史街区保护开发中的居民利益问题及对策分析——以张家口堡子里历史街区为例[J]．特区经济，2012，(2)：220－232．
[78]柳思勉．长沙市历史街区保护利用中原居民居住问题的解析与对策[D]．长沙：湖南大学，2008．
[79]金洁．历史街区的保护与管理模式探讨[J]．中国行政管理，2005，(11)：74－76．
[80]王璠．经济发展背景下关于历史街区保护的思考[C]．2009．
[81]郭琪．北京历史街区更新改造中弱势群体居住问题及改善研究[D]．北京：北京大学，2006．
[82]王万军．历史街区保护与社区的营造[J]．广西城镇建设，2011，(11)：65－67．
[83]张维亚．城市历史地段旅游开发中的吸引力承载力矩阵的应用——以南京内秦淮河历史地段为例[J]．旅游学刊，2008，(3)：63－67．
[84]徐林强．历史街区旅游规划初期居民感知与态度研究[D]．杭州：浙江大学，2008．
[85]戴湘毅，王晓文，王晶，周三．历史街区居民的态度与保护发展策略——以福州市“三坊七巷”历史街区为例[J]．吉林师范大学学报：自然科学版，2008，(1)：89－92．．
[86]李向北，王裴．公众参与城市历史街区更新的途径——以成都宽窄巷子为例[J]．西华大学学报：哲学社会科学版，2007，(2)：109－110．
[87]郑利军，杨昌鸣．历史街区动态保护中的公众参与[J]．城市规划汇刊，2005，(7)：63－65．
[88]祝莹．历史街区保护中的类型学方法研究[J]．城市规划汇刊，2002，146(6)：57－60．
[89]盛晔．历史街区更新中类型学方法的研究与应用[D]．上海：同济大学，2008．
[90]冯雨．紫阳教场坝历史街区与民俗茶文化协调保护与再利用的研究[D]．绵阳：西南建筑科技大学，2007．
[91]张逸璇．基于文化生态学的历史街区保护与复兴[D]．长沙：湖南大学，

2010.

[92]石若明，刘明增. 应用模糊综合评判模型评价历史街区保护的研究[J]. 规划师，2008，(5)：72－75.

[93]胡明星，董卫. 基于 GIS 的镇江西津渡历史街区保护管理信息系统[J]. 规划管理研究，2002，(3)：71－73.

[94]许业，董卫. 基于 GIS 的历史街区规划设计方法初探[J]. 华中建筑，2005，(2)：86－88.

[95]高昭良，黄登峰. 基于 GIS 技术的福州“三坊七巷”保护性改造规划与管理研究[J]. 测绘与空间地理信息，2006，(1)：54－56.

[96]余兰. 城市重点地区再开发基本策略研究——以黄浦江北岸地区为例[D]. 上海：同济大学，2007.

[97]Bellush J，Hausknecht M. Urban Renewal：People，Politics and Planning [M]. Garden City. NewYork：Doubleday，1967.

[98]Gittell R J. Renewing Cities[M]. Princeton，New Jersey：Princeton University Press，1992.

[99]Wagner F W，Joder T E，Mumphery A J. Urban Revitalization：Policies and Programs[M]. Thousand Oaks. CA：Sage Publications，1995.

[100]Molotch H. The City as A Growth Machine：Toward Political Economy of Place[J]. Journal of American Sociology，1976，(2)：3－11.

[101]Mollenkopf J H. The Contested City[M]. Princeton. New York：University of Princeton Press，1983.

[102]Knox P L，Mccarthy L. Urbanization：An Introduction to Urban Geography[M]. Englewood Cliffs，NJ：Prentice Hall，2005.

[103]Peters B G. With a Little Help from Our Friend：Public-Private Partnerships as Institutions and Instruments[C]. Houndmills：Macmillan Press Ltd，1997.

[104]Gidron B，Kramer R M，Salamon L M. Government and the Third Sector：Emerging Relationship in Welfare States[M]. San Francisco：Jossey-Bass Inc. Pub，1992.

[105]刘彦随. 城市土地配置的权力因素及其互动机制[J]. 南京师范大学学报：自然科学版，1997，(3)：62－66.

[106]朱介鸣. 地方发展的合作——渐进式中国城市土地体制改革的背景和影响[J]. 城市规划汇刊，2000，(2)：38－44.

[107]吴智刚，周素红．城中村改造：政府、城市与村民利益的统一——以广州市文冲城中村为例[J]．城市发展研究，2005，(2)：48－53.

[108]张侠，赵德义，朱晓东．城中村改造中的利益关系分析与应对[J]．经济地理，2006，(3)：496－499.

[109]何建颐，张京祥，陈眉舞．转型期城市竞争力提升与城市空间重构[J]．城市问题，2006，(1)：16－20.

[110]罗小龙，沈建法．中国城市化进程中的增长联盟和反增长联盟[J]．城市规划，2006，(3)：48－52.

[111]叶磊，马学广．转型时期城市土地再开发的协同治理机制研究述评[J]．规划师，2010，(10)：103－107.

[112]陈哲，张小林．南京市旧城改造中的土地利用对策探讨[J]．安徽农业科学，2007，(11)：84－86.

[113]吴良镛．旧城整治的"有机更新"[J]．北京规划建设，1995，(3)：16－19.

[114]阳建强，吴明伟．现代城市更新[M]．南京：东南大学出版社，1999：12－24.

[115]何深静，刘玉亭．房地产开发导向的城市更新——我国现行城市再发展的认识和思考[J]．人文地理，2008，(4)：6－11.

[116]何水．协同治理及其在中国的实现——基于社会资本理论的分析[J]．西南大学学报：社会科学版，2008，(3)：102－106.

[117]赵春容，赵万民，谭少华．我国旧城改造中利益分配矛盾及对策研究[J]．西南科技大学学报：哲学社会科学版，2008，(3)：43－47.

[118]吴良镛．北京旧城保护研究(上)[J]．北京规划建设，2005，(1)：20－28.

[119]温宗勇．关于北京旧城区大规模危改与古都风貌保护的思考[J]．北京规划建设，1998，(3)：39－42.

[120]魏科．1990—2004：北京两次大规模危改[J]．北京规划建设，2005，(6)：71－76.

[121]王世仁．保护历史文化街区的价值取向原则——兼议南池子保护试点工程[J]．北京规划建设，2004，(2)：105－108.

[122]曲际水，贺广民，杜孝民．南池子历史文化保护区危改试点片保护与更新的探索[J]．北京规划建设，2001，(6)：18－21.

[123]边兰春．旧城改造中的利益互动——烟袋斜街整治改造启示[J]．北京观察，2006，(12)：50－52.

[124]业祖润．北京前门历史文化街区保护、整治与发展规划[J]．北京规划建

设，2005，(4)：33－41.
[125]汤羽扬. 时间与空间错位下的艰难选择——大栅栏历史文化保护区保护点滴[J]. 北京规划建设，2005，(4)：29－32.
[126]邱莉莉. 依托政策走出旧城改造的困境——对“微循环改造大栅栏”的思考[J]. 城市，2006，(2)：24－26.
[127]戴林琳，盖世杰. 北京南锣鼓巷历史街区的可持续再生[J]. 华中建筑，2009，(5)：173－177.
[128]田继忠. 历史文化街区整体保护及有机更新的路径研究——以北京南锣鼓巷地区为例[J]. 北京规划建设，2011，(3)：33－35.
[129]张雪，戴林琳. 城市中轴线历史街区保护与发展模式研究——以北京南锣鼓巷街区为例[J]. 北京规划建设，2012，(2)：75－78.
[130]宋璇. 北京南锣鼓巷地区改造与更新案例研究[D]. 北京：北京建筑工程学院，2010.
[131]马晓龙，吴必虎. 历史街区持续发展的旅游业协同——以北京大栅栏为例[J]. 城市规划，2005，(9)：49－54.
[132]吴良镛. 北京旧城与菊儿胡同[M]. 北京：中国建筑工业出版社，1994.
[133]陈珊珊. 多主体介入的保护更新方式对历史街区活力的影响——以北京南锣鼓巷和烟袋斜街历史街区为例[C]. 2007：2044－2052.
[134]焦怡雪，刘涌涛. 寻求历史保护与社区发展的融合——历史文化街区保护与改善的社区发展途径探讨[J]. 重庆建筑大学学报，2008，(8)：33－37.
[135]方可. 当代北京旧城改造更新——调查、研究、探索[M]. 北京：中国建筑工业出版社，2000.
[136]于学文. 应用航空遥感技术对北京城市建设用地发展趋势的分析[J]. 城市规划，1986，(2)：9－14.
[137]贾海樾. 应用航空遥感技术提取北京旧城的现状数据[J]. 城市规划，1986，(2)：19－22.
[138]刘锐. 从土地利用变化看北京旧城的保护与发展[D]. 北京：清华大学，2004.
[139]仲建惟，魏科. 东城区土地开发的现状问题及对策[J]. 城市规划，1995，(5)：53－55.
[140]张杰，杨重光，蒋三庚，王铮. 国际化大都市核心区土地利用模式创新分析——以北京市东城区为例[J]. 首都经贸大学学报，2008，(6)：101－

105.
[141]石晓冬．北京城市地下空间开发利用的回顾与展望[J]．北京规划建设，2006，(5)：74—77.
[142]王刚．以北京为例浅析政府行为对企业参与文化遗产保护及发展的影响[D]．天津：天津大学，2010.
[143]柏蔚元，文志森．环境与城市规划——经济学的启示[J]．国外城市规划，1994，(4)：20—22.
[144]赵贺．转轨时期的中国城市土地利用机制研究[D]．上海：复旦大学，2004.
[145]简・雅各布斯．美国大城市的死与生[M]．上海：译林出版社，2005.
[146]黄琲斐．面向未来的城市规划和设计——可持续性城市规划和设计的理论及案例分析[M]．北京：中国建筑工业出版社，2004.
[147]段晋苑．我国城市旧城区再生研究：以广州为例[D]．广州：暨南大学，2007.
[148]彭恺，周均清．利益相关者理论与历史街区复兴[J]．城市问题，2012，(11)：51—53.
[149]唐历敏．英国"城市复兴"的理论与实践对我国城市更新的启示[J]．江苏城市规划，2007，(12)：23—26.
[150]史蒂文・蒂耶斯德尔，蒂姆・希思，塔内尔・厄奇．城市历史街区的复兴[M]．张玫英，董卫，译．北京：中国建筑工业出版社，2006.
[151]张平宇．城市再生：我国新型城市化的理论和实践问题[J]．城市规划，2004，(4).
[152]陈志华．老房子——浙江民居[M]．南京：江苏美术出版社，2000.
[153]王耀兴．历史街区的保护性利用探索[D]．重庆：重庆大学，2007.
[154]谢文蕙，邓卫．城市经济学[M]．北京：清华大学出版社，2008.
[155]贝贝．旧城改造模式研究——基于重庆市江北区旧城改造项目[D]．重庆：重庆大学，2009.
[156]管娟．上海中心城区城市更新运行机制演进研究——以新天地、8号桥和田子坊为例[D]．上海：同济大学，2008.
[157]周诚．土地经济学原理[M]．北京：商务印书馆，2003.
[158]康琪雪．西方竞租理论发展过程与最新拓展[J]．经济经纬，2008，(6)：12—14.
[159]卢现祥，朱巧玲．新制度经济学[M]．北京：北京大学出版社，2007.

[160]蓝虹. 环境产权经济学[M]. 北京：中国人民大学出版社，2005.
[161]应臻. 城市历史文化遗产的经济学分析[D]. 上海：同济大学，2008.
[162]朱峰. 城市近代历史遗存可持续性保护策略探索[D]. 南京：东南大学，2006.
[163]赵志荣. 历史地段保护的价值观——追求可持续的资源、环境与效益[J]. 城市规划汇刊，1999，(1)：75—79.
[164]肖勇. 历史街区保护和更新的实践与理论探索[D]. 长沙：中南大学，2011.
[165]单霁翔. 从"文物保护"走向"文化遗产保护"[M]. 天津：天津大学出版社，2008.
[166]任云兰. 国外历史街区的保护[J]. 城市问题，2007，(7)：93—96.
[167]杨佳荣. 历史街区旅游开发模式研究——以平江历史街区为例[D]. 上海：同济大学，2006.
[168]布伦特·C. 布罗林. 建筑与文脉——新老建筑的配合[M]. 翁致祥等，译. 北京：中国建筑工业出版社，1988.
[169]王景慧. 历史地段保护的概念和作法[J]. 城市规划，1998，(3)：34—36.
[170]王成. 城市历史街区保护与更新模式的初探[D]. 合肥：合肥工业大学，2009.
[171]张松. 城市文化遗产保护国际宪章与国内法规选编[M]. 上海：同济大学出版社，2007.
[172]吴炳怀. 西方国家旧城更新的理论与实践发展[J]. 现代城市规划，1998，(6)：41—43.
[173]王景慧. 城市历史文化遗产保护的政策与规划[J]. 城市规划，2004，20(10)：68—73.
[174]张维亚. 城市历史地段文化遗产研究综述[J]. 东南大学学报：哲学社会科学版，2007，(12)：162—166.
[175]王景慧，阮仪三，王林. 历史文化名城保护理论与规划[M]. 上海：同济大学出版社，1999.
[176]Loew S. Modern Architecture in Historic Cities：Policy，Planning and Building in Contemporary France[M]. LONDON and NEW YORK：Routledge，1998.
[177]周俭，张恺. 在城市上建造城市：法国城市历史遗产保护实践[M]. 北京：中国建筑工业出版社，2003.

[178]李艳玲．论30年代纽约贫民窟改造[J]．辽宁师范大学学报：社会科学版，2001，(4)：110－112．
[179]Steiner F R，Butler K．Planning and Urban Design Standards[M]．New Jersey：John Willy & Sons，2006．
[180]Frank K，Petersen．Historic Preservation in the USA[M]．New York：Springer，2002．
[181]李和平，王敏．美国历史街区保护的推动模式[J]．新建筑，2009，(4)：31－35．
[182]张松．历史城市保护学导论——文化遗产和历史环境保护的一种整体性方法[M]．上海：上海科学技术出版社，2001．
[183]王文元．东京的旧城改造与古都风貌保护[J]．城市问题，2001，(5)：75－78．
[184]王伟英．看日本如何保护历史街区[N]．中国文化报，2009－07－14(6)．
[185]袁昕．从土地所有制看中日历史街区保护的一些不同[J]．北京规划建设，1999，(2)：23－26．
[186]谢友宁，盛志伟．国外历史文化名城名镇保护策略鸟瞰[J]．现代城市研究，2005，(1)：39－45．
[187]王星光，贾兵强．国外历史文化遗产保护的机制及其对我国的启示[J]．广西民族研究，2008，(1)：178－185．
[188]吴良镛．广义建筑学[M]．台北：地景企业股份有限公司，1994．129．
[189]李勤，杨豪中．德国历史街区保护更新的借鉴意义[J]．北京建筑工程学院学报，2010，(4)：35－37．
[190]尹卫国．用可持续旅游保护世界遗产[J]．中国经济周刊，2004，(30)：38．
[191]董雷．浅论历史街区更新的经验教训[D]．天津：天津大学，2007．
[192]姜敬红．世界遗产地设立环境执法综合管理机关的探讨[J]．乐山师范学院学报，2006，(3)：91－93．
[193]贾俊艳．文化遗产保护立法之比较研究[D]．武汉：武汉大学，2005．
[194]王伟英．历史街区保护的实施运行研究[D]．北京：中国城市规划设计研究院，2009．
[195]王林．中外历史文化遗产保护制度比较[J]．城市规划，2000，(8)：49－51．
[196]吴朝宇．市场经济转型时期我国城市历史文化遗产保护管理探索[D]．重

庆：重庆大学，2008.
[197]佘高红，朱晨. 从更新到再生：欧美内城复兴的演变和启示[J]. 城市问题，2009，(6)：77—83.
[198]张敬淦. 北京规划建设纵横谈[M]. 北京：北京燕山出版社，1997.
[199]陈义风. 当代北京四合院史话[M]. 北京：当代中国出版社，2008.
[200]魏科. 北京危旧房改造的问题与建议——以东城区危旧房改造为例[J]. 北京规划建设，1997，(5)：49—52.
[201]田勇. 城市历史街区保护的比较研究[D]. 天津：河北工业大学，2007.
[202]曲蕾. 居住整合：北京旧城历史居住区保护与复兴的引导途径[D]. 北京：清华大学，2004.
[203]石磊. 北京传统四合院在现代生活模式下的更新探讨[D]. 北京：中国建筑设计研究院，2008.
[204]刘晓琦. 中国成都与法国里尔的历史文化街区保护与更新比较研究[D]. 成都：西南交通大学，2006.
[205]彭湘. 雍和园皇城根下的科技园区，胡同里的创意工厂[J]. 中关村，2008，(11)：51—53.
[206]张鹏，张晓梅. 对我国历史街区保护的思考——以苏州历史街坊保护为例[J]. 辽宁建材，2011，(5)：26—27.
[207]王淇. 旧城改造模式与运行机制研究[D]. 重庆：重庆大学，2007.
[208]刘世能，单红松. 北京旧城改造的思考[J]. 北京规划建设，2009，(2)：101—103.
[209]石璐. 沈阳方城历史街区保护与更新研究[D]. 上海：同济大学，2007.
[210]王春晖，董舫. 城市更新中历史街区保护与发展研究[J]. 低温建筑技术，2010，(11)：15—16.
[211]邵甬. 遗产保护和社会发展政策初探——以世界文化遗产丽江古城保护政策为例[J]. 论丛，2012，(3)：106—108.
[212]姜成学. 中国城市化进程中历史街区的保护模式探索[D]. 长春：东北师范大学，2008.
[213]阮仪三. 历史街区保护的误解与误区[J]. 规划师，1999，(4)：27—28.
[214]刘际超. 历史文化街区的保护与发展研究[D]. 保定：河北农业大学，2011.
[215]耿宏兵. 90年代中国大城市旧城更新若干特征浅析[J]. 城市规划，1999，(7)：13—17.

[216]张零昆．城市历史街区保护与旅游利用方法研究[D]．上海：同济大学，2007.

[217]杨雪伦，贾馥冬．探讨我国城市历史街区的更新与保护[J]．河北建筑工程学院学报，2011，(4)：36－38.

[218]张锦东，刘业进．从“大拆大建”到框架条件管理——城市规划的演化理论视角[J]．首都师范大学学报：社会科学版，2013，(2)：77－93.

[219]周蓉．城市中心区土地再开发功能定位研究——以湘潭市复兴路两厢土地再开发为例[D]．长沙：中南大学，2011.

[220]郭湘闽．论土地发展权视角下旧城保护与复兴规划的利益平衡——以北京为例[C]．2007．2594－2600.

[221]Jones G A，Bromley R D F．The Relationship Between Urban Conservation Programs and Property Renovation：Evidence from Quito，Ecuador[J]．Cities，1996，(13)：373－375.

[222]戴彦．巴蜀古镇历史文化遗产适应性保护研究[D]．重庆：重庆大学，2008.

[223]佘高红，吕斌．转型期小城市旧城可持续再生的思考[J]．城市规划，2008，32(2)：16－21.

[224]黄晓燕，曹小曙．转型期城市更新中土地再开发的模式与机制研究[J]．城市观察，2011，(2)：15－22.

[225]Ma L J C．Urban Transformation in China，1949－2000：a Review and Research Agenda[J]．Environment and Planning，2001，34(9)：1545－1569.

[226]张京祥，殷洁，罗小龙．地方政府企业化主导下的城市空间发展与演化研究[J]．人文地理，2006，(4)：1－6.

[227]蔡梦婷．论历史文化街区的保护与更新———以苏州山塘街为例 [J]．重庆科技学院学报：社会科学版，2012：151－153.

[228]王晟，许乙青．旧城土地再开发效益失衡的成因与对策探讨——以中小城市旧城核心地块改造为例[J]．中外建筑，2012，(9)：51－53.

[229]陶春春．北京传统院落空间非居住功能的现代化模式研究[D]．北京：清华大学，2004.

[230]李哲．天津五大道历史街区动态保护中的土地置换研究[D]．天津：天津大学建筑学院，2009.

[231]于德建，汝军红．浅析城市创意产业与历史街区保护的有机互动[C].

2008.
[232]吴敏. 小议历史街区保护中的经济性问题[J]. 山西建筑，2009，(10)：22—23.
[233]赵明. 历史街区复兴中的社会问题初探——以法国里昂红十字坡地为例[D]. 上海：同济大学，2007.
[234]王瞻宁. 武汉里分民居的人文价值与再生方向探析[J]. 武汉科技学院学报，2004，(9)：4—7.
[235]钟洪豪. 合肥滨湖新区城市土地增值潜力研究[D]. 合肥：合肥工业大学，2009.
[236]冯伟林. 浅析旧城改造政策的利益与代价分布[J]. 特区经济，2008，(4)：133—134.
[237]刘文俭，陈玉光. 老城区发展研究[M]. 北京：中共中央党校出版社，2009.
[238]黄亚平，王敏. 旧城更新中低收入居民利益的维护[J]. 城市问题，2004，(2)：42—45.
[239]孙良辉，鄢泽兵. 旧城更新的主体动力因素及其作用机制浅析[C]. 2004. 123—125.
[240]陈煊. 城市更新过程中地方政府、开发商、民众的角色关系研究——以武汉汉正街为例[D]. 武汉：华中科技大学，2009.
[241]李先勇. 利益均衡下的城市危旧住区再开发模式研究[D]. 武汉：武汉理工大学，2008.
[242]李谷兰. 武汉历史街区保护与更新的模式研究[D]. 武汉：武汉大学，2005.
[243]周亚琦. 城市遗产保护资金配置效益研究[D]. 武汉：华中科技大学，2009.
[244]井忠杰. 北京旧城保护中政府干预的实效性研究[D]. 北京：清华大学，2004.
[245]万勇. 论上海中心城旧居住区更新的协调机制[D]. 同济大学，2005.
[246]郭湘闽. 土地再开发机制约束下的旧城复兴困境透视[C]. 2006. 586—596.
[247]盛广恒. 城市化进程中土地资源配置研究[D]. 南京：河海大学，2005.
[248]郭润葵. 太平街历史文化街区保护规划实施与管理对策[D]. 长沙：国防科学技术大学，2008.

[249]赵燕菁. 从城市管理走向城市经营[J]. 城市规划，2002，(11)：6－14.
[250]彭慧. 旧城改造中城市政府的角色定位分析[J]. 理论月刊，2007，(12)：137－139.
[251]张文华. 关于适当调整历史文化保护区土地供应方式的建议[J]. 北京规划建设，2007，(3)：137.
[252]汪光焘. 北京历史文化名城的保护与发展[M]. 北京：新华出版社，2002.

后　记

中国土地资源的稀缺性，使得城市土地再开发成为必然。历史街区保护与土地再开发问题是现代城市建设与管理的重要命题。如何在城市土地再开发中保护和凸显历史街区的价值是一个迫在眉睫的课题。

本书以北京旧城为例，探讨历史街区的保护和复兴。在对国外历史街区再开发的经验借鉴的基础上，系统梳理了北京旧城历史街区土地再开发的历史和现状，分析评价了历史街区土地再开发的主要模式及其效应，同时对历史街区土地再开发的管理优化进行了探讨，并以南锣鼓巷为例进行了案例实证研究，试图为新时期历史街区的保护与复兴提供一些有益的借鉴。2011年，作者在北京市第十三届人民代表大会第四次会议上领衔提出的《关于推动北京旧城传统民居在利用中保护、在创新中传承的建议》被列入当年北京市人大“加强国家文化中心建设”的议案中，受到北京市人大和北京市政府的重视。

本书主要取材于作者的博士论文。在论文写作中，作者深深感受到了老师、学友和家人的关爱。衷心感谢导师董藩教授的指导与教诲！衷心感谢北京联合大学张景秋教授、首都经贸大学刘业进教授在共同研讨中所给与的启发！衷心感谢北京师范大学管理学院唐任伍教授、王建平教授的帮助和鼓励！衷心感谢东城区相关单位领导、同仁以及北京市经济信息中心林明金总经济师提供的宝贵支持！

本书的出版得到了北京市社科联社会科学理论著作出版基金的特别资助和首都师范大学出版社的大力支持，在此一并致敬致谢！

由于作者水平有限，本书难免有疏漏和不当之处，敬请读者朋友批评指正。

张锦东

2013年12月25日